婚姻家庭必读

初级

编审委员会
主　任：李树林
副主任：高　波
委　员：刘　帅　郑柳荣

编写人员
主　编：郑秀丽
编　者：郝永新　黄　飒　康　晴　李一洁　刘　巍
　　　　郑柳荣　马芳芳　尚红梅　童　玲　魏丽丽

中华工商联合出版社

图书在版编目（CIP）数据

婚姻家庭必读：初级 / 郑秀丽主编.——北京：中华工商联合出版社，2023.7
ISBN 978-7-5158-3712-3

Ⅰ.①婚… Ⅱ.①郑… Ⅲ.①婚姻—咨询服务—职业培训—教材②家庭—咨询服务—职业培训—教材 Ⅳ.①C913.1

中国国家版本馆CIP数据核字（2023）第124747号

婚姻家庭必读（初级）

主　　编：	郑秀丽
出 品 人：	刘　刚
策　　划：	李红霞
责任编辑：	李红霞　孟　丹
装帧设计：	周　琼
责任审读：	付德华
责任印制：	陈德松
出版发行：	中华工商联合出版社有限责任公司
印　　刷：	北京毅峰迅捷印刷有限公司
版　　次：	2023年9月第1版
印　　次：	2023年9月第1次印刷
开　　本：	787mm×1092mm　1/16
字　　数：	171千字
印　　张：	11.25
书　　号：	ISBN 978-7-5158-3712-3
定　　价：	68.00元

服务热线：010—58301130—0（前台）
销售热线：010—58302977（网店部）
　　　　　010—58302166（门店部）
　　　　　010—58302837（馆配部、新媒体部）
　　　　　010—58302813（团购部）
地址邮编：北京市西城区西环广场A座
　　　　　19—20层，100044
http：//www.chgslcbs.cn
投稿热线：010—58302907（总编室）
投稿邮箱：1621239583@qq.com

工商联版图书
版权所有　侵权必究

凡本社图书出现印装质量问题，请与印务部联系。

联系电话：010—58302915

推荐序
| RECOMMENDED SEQUENCE |

婚姻家庭指导和家庭教育指导是当代社会亟须普及的教育。

家庭关系是社会、经济、政治和文化关系的缩影和基础，它直接影响着家庭成员，尤其是儿童和青少年心理与行为模式的形成和发展。因此，健康的家庭关系对于社会和谐和稳定发展有着积极意义，反之，则可能造成公共性的危害。近年来，多起引发全民关注的中学生自杀、出走事件，都在不断警醒大众——关注家庭关系和心理健康已迫在眉睫。而立足于赋能家庭关系的婚姻家庭与家庭教育的指导工作，就显得尤为重要和紧迫。

中华文明一贯重视家庭教育和家庭关系，一些很好的理念对维系中国社会几千年的发展起到了不可替代的作用。但是，还缺少系统全面的理论与知识梳理，更没有国家层面的立法。2022年1月1日，《中华人民共和国家庭教育促进法》正式实施，家庭教育从传统"家事"上升为重要"国事"。正如习近平总书记所强调的："我们要重视家庭文明建设，努力使千千万万个家庭成为国家发展、民族进步、社会和谐的重要基点，成为人们梦想启航的地方。"令人欣慰的是，我们已经有一些教育工作者与相关从业人员，走在了新时代家庭教育理念实践与推广的第一线，并带领着更多人去明确"培养什么人、怎样培养人、为谁培养人"这一重要问题的答案。郑秀丽同志和她的团队，就是其中一员。

郑秀丽同志是毕业于中国科学院心理研究所的青年学者，取得医学心理学博士学位之后，又在北京中医药大学做了中医心理学博士后的研究工作，回到部队后，从事的是飞行员的心理训练等工作。在长期的基础研究和临床实践中，她深刻认识到家庭教育对一个人的深远影响。从部队转业之后的这些年，她一直深耕在家庭教育的前线，大家都叫她"贞贞老师"。她做宣讲、做培训、开发课程、写书，注册了"依心上"品牌并组建了专业团队，持续钻研心理学理论及应用，开发了"实相心理学"的研究模型与实训方法——从探索与解读内在心智模式入手，改变认知与行为的呈现，并将其拓展到现实的生活场景中。这样的一套体系化解决方案经过这几年的实践，已经惠及上万人，在改善心理亚健康、拓展心理空间、提升幸福感等方面成效显著。

这次，她带领"依心上"团队编著的两套教材《家庭教育必读》已经出版，《婚姻家庭必读》即将正式出版。这两套教材结合了心理学、法学、经济学、医学、社会学等多学科的专业知识和视角，从与家庭相关的关系和事务入手，将理论知识与实操训练相结合，帮助大家构建正向的认知与行为模式。教材中所引用的文献大多是近年来的最新研究报告，教材中的内容涉及很多当下社会的热点、痛点问题，比如疫情之下的居家线上学习、隔代教育的矛盾与处理、青少年的健康教育、性教育问题、当代女性工作与家庭的两难问题、家庭教育中爸爸缺位的问题以及当代青年男女婚恋观念等多方面、多角度的内容。可以说，这不仅仅是两套教材，更是大家可以人手一套的家庭教育普及读物。读者可以在阅读的过程中，收获更多思考的角度、知识的补充，以及实际训练的方法，通过学习的方式去思考、提升和预防。阅读本套书籍对身处压力状态下的夫妻和父母，无疑都是一个很好的助益。

"教育的本质,不是把篮子装满,而是把灯点亮。"借郑秀丽博士团队新书付梓之际,我也衷心地祝愿大家开卷有益,身心安稳,阖家幸福!

发展中国家科学院院士

中国关心下一代工作委员会副秘书长

儿童发展研究中心主任

北京家庭教育研究会会长

张 侃

婚姻、家庭、教育，这是我们当代人无法不去直面的人生重大课题。

一直以来，我们的学校教育都在教我们认识世界，教我们谋生的技能，教我们努力上进，可是，当我们开始进入生活，尤其是进入需要自己承担重大责任的家庭生活中后，就会发现这一块的知识好像从来没有一个课堂系统地、落地地教过我们，于是我们仓促上阵，在面对家庭中的关系、问题、责任、权利、义务等问题时，施展的都是我们最朴素、最原始的应对本能。

"婚姻""家庭""教育"就像人生中的一场联考，"卷子"简单点儿，还答个勉强；"卷子"难点儿，八成不及格，或者干脆退出考试，等待补考。可是，这个联考从来没有因为及格率走低而变得随行就市。相反，它越来越难，从单选变成了多选，渐渐加上了思考题、主观题，甚至对错都开始不好判断……

不考不行吗？是，好像也有人选择不结婚、不要孩子，可即使这样，生而为人，我们也还是在关系里，我们离不开和父母的关系、情与爱的关系。可以说，这份卷子，答与不答，你都已经在考试中了。

更为重要的是，好像我们的身心健康也与这场联考密切相关，里面的题目太能牵动我们的情绪。情绪一浪接一浪拍在身心上，日积月累，好多亚健康、疾病就慢慢找上了门。

所以，这个考试左右避不开，考不好代价还这么大，不如好好收拾身心，投入学习一下，打一场有准备之仗吧。

这是我们走过的路，这也是我们眼见的大家都需要走的路，所以，我们编写了这套教材，研发了相关的课程，希望能给困惑中的你我提供一个入门的抓手，提供一个系统化的视角，来认识人生中必须要面对的这场联考。我们全部的编委都不仅仅是纯粹的学院派，相反，她们从生活中来，从实战中来，从柴米油盐、吵架拌嘴中来，她们带着过去的若干年中心理训练对生活的变化和改善，带着真刀真枪在生活中的血肉历练，共同来虔敬地为大家祭出一份"应试宝典"。

过去，我们对新人的祝福是百年好合，我们对孩子的祈愿是健康快乐，但现在，除了这些祝福，我们更希望大家即使在生活中遇到各种各样有挑战的"考题"时，也能够借助"应试宝典"顺利通过考试，让自己过上真正幸福美满的生活，向内启迪慧命，向外过好日子。

亲爱的读者们，成长是一条永无止境的路，让我们一起在这条路上积极探索，带着勇敢和坚毅，拓路而行，让智慧不断提升，让成长依心而上吧！

中国关心下一代工作委员会专家

中国家庭教育学会宣教专委会副理事长

中国科学院心理研究所博士

北京中医院大学中医心理学博士后

郑秀丽

第一章 概论

第一节 婚姻家庭的概念及内涵 …………………… 1
 一、婚姻家庭的概念和特点 …………………… 1
 二、婚姻家庭的伦理价值 …………………… 2

第二节 关注婚姻家庭问题的迫切性 …………………… 5
 一、追求婚姻自由和婚姻质量已成为时尚 …………………… 6
 二、男女平等已成为家庭生活的发展趋势 …………………… 7
 三、婚姻家庭关系的稳定性在下降 …………………… 7
 四、家庭的重心转移引发代际冲突和矛盾 …………………… 8

第三节 我国婚姻家庭咨询的起源与发展 …………………… 9
 一、我国婚姻家庭咨询产生的时代背景 …………………… 9
 二、我国婚姻家庭咨询师的发展历程 …………………… 10
 三、婚姻家庭咨询师专业发展的意义 …………………… 12

第四节 婚姻家庭咨询师的成长之路 …………………… 13
 一、严格遵守职业道德 …………………… 13
 二、全面提高专业知识技能 …………………… 13
 三、学会在市场中找准定位 …………………… 14
 四、在实践中健康成长 …………………… 14

第二章　中国婚姻家庭形式的历史和现状

第一节　原始社会婚姻家庭形式的演变 …………………… 16
一、杂婚 …………………………………………………… 16
二、群婚 …………………………………………………… 17
三、伙婚 …………………………………………………… 17
四、对偶婚 ………………………………………………… 17
五、专偶婚 ………………………………………………… 18

第二节　古代宗法社会的婚姻家庭形式 …………………… 19
一、奴隶社会实行婚姻制度分层 ………………………… 19
二、奴隶制时期的婚姻家庭特征 ………………………… 20
三、封建社会实行一夫一嫡制 …………………………… 21
四、封建制时代的婚姻家庭特征 ………………………… 22

第三节　近现代婚姻家庭形式的演变 ……………………… 24
一、清末婚姻家庭制度立法偏重传统 …………………… 24
二、民国婚姻立法传统与进步并存 ……………………… 25
三、近现代婚姻家庭形式演变的意义 …………………… 25

第四节　当代中国婚姻家庭现状和问题 …………………… 26
一、中华人民共和国成立以后《婚姻法》逐步科学进步规范化… 26
二、当代中国婚姻家庭现状 ……………………………… 27
三、当代中国婚姻状况衍生的问题 ……………………… 31

第三章　家庭与社会的关系

第一节　家庭的社会学功能 ………………………………… 34
一、家庭模式的演变 ……………………………………… 35
二、家庭结构的演变 ……………………………………… 35
三、家庭与社会的关系 …………………………………… 37

第二节　当代家庭的现状研究 ················· 38
　　一、家庭中女性受教育与就业的变化 ············ 38
　　二、家庭形式的多样化 ·················· 39
　　三、家庭地位的变化 ··················· 40

第三节　变化与影响 ····················· 41
　　一、婚姻家庭的变化及原因 ················ 41
　　二、变化带来的社会影响 ················· 42

第四节　可以采取的措施 ··················· 44
　　一、可能的研究领域 ··················· 45
　　二、加强家庭婚姻指导的多样化培训 ············ 46
　　三、婚姻家庭咨询师队伍建设和工作方法 ·········· 47

第四章　家庭中两性关系的发展与变化

第一节　历史上家庭中两性关系的演变 ············· 49
第二节　当代中国家庭中两性关系的变化 ············ 50
　　一、婚姻现象上的变化 ·················· 50
　　二、法律法规的变化 ··················· 51
　　三、价值观的变化 ···················· 52
　　四、家庭地位的变化 ··················· 52

第三节　不同维度下婚姻的幸福感 ··············· 53
　　一、不同年龄段的婚姻幸福感 ··············· 54
　　二、不同性别的婚姻幸福感 ················ 55
　　三、不同收入的婚姻幸福感 ················ 56
　　四、不同子女数量的婚姻幸福感 ·············· 56

第四节　当代婚姻中不同性别承担的压力和心理冲突 ······· 57
　　一、当代婚姻中男性承担的压力 ·············· 57

二、当代婚姻中女性承担的压力 ……………………………… 57

　　三、当代婚姻中男性的心理冲突 ……………………………… 57

　　四、当代婚姻中女性的心理冲突 ……………………………… 58

第五节　当代婚姻家庭咨询指导工作着力点 …………………… 58

　　一、婚姻家庭指导的重要性 …………………………………… 58

　　二、传统观念依然占据着主流价值观阵地 …………………… 60

　　三、大众传媒的影响 …………………………………………… 60

　　四、重视生命周期中的重要节点 ……………………………… 61

第六节　当代婚姻家庭变化背后的社会学意义 ………………… 61

第五章　家庭中子女的发展与变化

第一节　中国家庭子女情况的变化 ………………………………… 64

　　一、生育数量的变化 …………………………………………… 64

　　二、生育年龄的变化 …………………………………………… 66

　　三、妇幼健康水平的变化 ……………………………………… 67

　　四、抚养方式的变化 …………………………………………… 68

第二节　当代亲子养育中父母面对的问题 ………………………… 69

　　一、生育成本 …………………………………………………… 69

　　二、生育压力 …………………………………………………… 70

　　三、养育焦虑 …………………………………………………… 71

　　四、养育放手 …………………………………………………… 74

第三节　当代孩子的主要困境 ……………………………………… 74

　　一、巨大的成才压力 …………………………………………… 74

　　二、互联网的诱惑 ……………………………………………… 75

　　三、心理问题高发 ……………………………………………… 76

第四节　新时期的新工作 ·· 77
　　一、家长要树立孩子教育的正确成才观 ·························· 77
　　二、家长要树立自我成长观 ·· 78

第六章　新变革下的婚姻家庭伦理

第一节　婚姻家庭伦理的发展 ·· 80
　　一、婚姻家庭伦理概论 ·· 80
　　二、婚姻家庭伦理的发展和变化 ··································· 81
　　三、婚姻家庭伦理的价值 ··· 83
　　四、婚姻家庭伦理的意义 ··· 84

第二节　当代婚姻家庭伦理的现状、问题和促进措施 ············· 86
　　一、当代婚姻家庭伦理的现状 ····································· 86
　　二、当代中国家庭伦理存在的主要问题 ························· 88
　　三、促进当代婚姻家庭伦理发展的措施 ························· 90

第三节　树立良好家风 ·· 92
　　一、良好家风的内涵 ·· 92
　　二、家风的核心思想和内容 ·· 93
　　三、树立良好家风的意义 ··· 94
　　四、良好家风的形成条件 ··· 95

第七章　性与婚姻

第一节　性和婚姻的关系 ··· 97
　　一、人类性行为的基本属性和本质 ······························· 97
　　二、婚姻家庭与性的关系 ··· 99

第二节　当代中国家庭中的性变革 ····································· 100
　　一、20世纪80年代：婚内性高潮的权利 ······················· 100

二、20世纪90年代：性观念更迭 ………………………… 102

　　三、21世纪：性娱乐观的普及 …………………………… 103

第三节　当代中国婚姻性状况分析 ……………………………… 104

　　一、性生活质量普遍不高 ………………………………… 105

　　二、无性婚姻数量增多 …………………………………… 106

　　三、男女两性需求各不同 ………………………………… 107

　　四、夫妻性教育提上日程 ………………………………… 108

第四节　性是婚姻家庭咨询中不能回避的问题 ………………… 109

　　一、从更高维度全面认识性 ……………………………… 109

　　二、开展性指导成为当务之急 …………………………… 109

　　三、婚姻家庭咨询师可以在夫妻性指导上扮演重要角色 … 110

　　四、减少网络负面影响 …………………………………… 110

第八章　婚姻中的教育问题

第一节　婚姻教育的概论 ………………………………………… 112

　　一、婚姻教育的内容 ……………………………………… 112

　　二、婚姻教育的历史发展 ………………………………… 113

　　三、当代婚姻教育的现状和迫切性 ……………………… 114

　　四、促进婚姻家庭咨询师开展婚姻教育的法规 ………… 115

第二节　婚姻教育的重要性 ……………………………………… 116

　　一、婚姻教育的重要性 …………………………………… 116

　　二、婚前教育的重要性 …………………………………… 117

　　三、性教育的重要性 ……………………………………… 118

　　四、离婚教育的作用 ……………………………………… 119

第三节　当代中国婚姻教育存在的问题 ………………………… 120

　　一、婚姻问题是社会性问题 ……………………………… 120

二、婚姻教育缺乏专业服务 ………………………………… 120

　　三、当代婚姻教育整体欠缺 ………………………………… 121

　　四、我国性教育存在误区 …………………………………… 122

第四节　我国婚姻教育的原则和措施 ………………………… 123

　　一、婚姻教育的基本原则 …………………………………… 123

　　二、婚姻家庭咨询师开展婚姻教育的措施 ………………… 125

第九章　婚姻家庭中的法律问题

第一节　婚姻家庭法律的基本概念 …………………………… 129

　　一、婚姻家庭法的概念 ……………………………………… 129

　　二、婚姻家庭法的调整对象 ………………………………… 130

　　三、探索多元创新的婚姻家事纠纷解决方案 ……………… 130

　　四、婚姻家庭咨询工作中处理法律问题的注意事项 ……… 132

第二节　婚姻关系的发生 ……………………………………… 132

　　一、结婚登记是婚姻合法有效的必需程序 ………………… 132

　　二、婚约法律无规定，处理不好引纠纷 …………………… 133

　　三、无效婚姻 ………………………………………………… 134

　　四、可撤销婚姻 ……………………………………………… 136

第三节　婚姻关系的存续 ……………………………………… 137

　　一、夫妻彼此忠实的义务 …………………………………… 137

　　二、家庭暴力 ………………………………………………… 138

　　三、婚内财产问题 …………………………………………… 139

第四节　婚姻关系的终结 ……………………………………… 142

　　一、解除婚姻关系 …………………………………………… 142

　　二、感情确已破裂的认定 …………………………………… 143

　　三、子女抚养权的归属 ……………………………………… 145

四、离婚财产的分割 ·················· 146

第十章　倾听力的心理训练

第一节　倾听的惯性 ···················· 149
　　一、听而不到——没有倾听的意愿 ············ 150
　　二、听而不见——愿意倾听但缺乏边界感 ········· 151
　　三、听而不懂——有边界感但无流动感的倾听 ······ 152

第二节　倾听的深入 ···················· 153
　　一、听且到（和倾诉者建立心的连接） ·········· 153
　　二、听且见（听见背后的情绪和认知） ·········· 155
　　三、听而懂（共情且流动） ··············· 156

第三节　倾听的本质 ···················· 157
　　一、倾听自己的需求 ·················· 157
　　二、在倾听中遇见真实的自己 ············· 159
　　三、一个生命倾听另一个生命 ············· 160

第四节　婚姻家庭咨询师的倾听原则 ············ 162
　　一、做一位忠实的听众 ················ 162
　　二、在实践中进阶倾听能力 ·············· 162
　　三、倾听中的互动原则 ················ 163

第一章
概 论

改革开放是中国巨变的开端,在这40多年中,社会的各个层面都发生了翻天覆地的变化,这必然会导致人价值观念的变化,折射到婚姻家庭中,也呈现出前所未有的新情况、新问题、新矛盾。本教材将深入分析这一时代背景下婚姻家庭中的种种变化和现状,去探究其背后深层次的原因、规律,帮助婚姻家庭咨询师构建更完整和科学的认知体系,认清社会转型与婚姻家庭行为以及个人选择之间的内在联系,为分析问题、解决问题打下良好基础。

第一节 婚姻家庭的概念及内涵

一、婚姻家庭的概念和特点

婚姻家庭是人类社会中最广泛、最普遍的社会关系。自婚姻家庭形成以来,以婚姻为基础的家庭便是社会肌体中的细胞组织,在社会生产、社会生活中承担着它们特有的、其他社会组织所无法替代的功能。

1.婚姻的定义

婚姻的一般概念可以表述如下:婚姻是为当时社会制度所确认的,男女两性互为配偶的结合[①]。

正确理解婚姻的概念,要注意以下几个问题:第一,婚姻是男女两性的结合,

---

① 杨大文,曹诗权.婚姻家庭法(第三版)[M].北京:中国人民大学出版社,2000:4.

婚姻制度的形成，是出于维护两性关系社会秩序的客观需要。所谓"同性婚"是不符合我国婚姻的本意和宗旨的。第二，婚姻是男女双方具有配偶身份的结合，这种结合是为当时社会制度所认可的。其他非配偶身份的结合，即使男女双方长期共同生活也不称其为婚姻。第三，婚姻是家庭产生的前提。婚姻双方构成了最初的家庭关系，通过生育又产生出父母、子女、兄弟姐妹等其他家庭成员间的关系。

2.家庭的定义

家庭是以婚姻、血缘关系和共同经济为纽带而组成的亲属团体[①]。

就家庭关系而言，第一，家庭是一个亲属团体和生活单位。同一个家庭的成员是被婚姻和血缘纽带联结在一起的。此外，收养也可以成为家庭关系的发生根据。第二，家庭须有共同经济，如以家庭为单位组织生产、组织消费等，具体情况因不同的社会经济结构而异。第三，由于家庭既是亲属团体又是经济单位，所以家庭成员一般均为近亲属，而亲属（包括某些近亲属）并非都是同一家庭的成员，他们是分属于不同家庭的。

二、婚姻家庭的伦理价值

在人类发展的历史长河中，只有当人类的两性关系被纳入婚姻家庭的轨道以后，人类的性爱和生命活动才真正摆脱了纯属自然行为的本能时期，进入一个受到自身及社会约束的伦理阶段。人类婚姻家庭观念的进步标志着人类文明程度的提高。

1.和谐幸福的价值

在现代社会，家庭不一定是生产单位，或者说不单纯是生产单位，它更是家庭成员休养生息的场所。虽然在农村或城市手工业、商业等领域中，家庭仍然是生产或经营单位，但这种角色正渐趋减弱。现代化大生产的发展，将逐渐使家庭

[①] 杨大文，曹诗权.婚姻家庭法（第三版）[M].北京：中国人民大学出版社，2000：4.

退出生产领域，而且，由于紧张多变的生活节奏，复杂尖锐的人际关系，家庭作为一个避风港、安乐窝的价值更为突出，以使疲惫的身体有个喘息的地方，精神有个栖息的场所。和谐幸福的家庭为家庭成员从事社会活动提供强大的精神动力，家庭和谐幸福使人的精力体力得到休息和恢复乃至提高，从而使人以更大的创造热情和力量投入到工作中去。现代社会中，离婚率增高、婚外恋情增多，造成了婚姻危机和家庭矛盾以及一些社会问题，从反面说明了家庭和谐幸福的价值所在。家庭和谐幸福的基础是爱情、亲情和义务的统一，只讲义务，没有爱情和亲情就可能只和谐而不幸福或根本不会和谐幸福；反之，如若只有所谓的爱情和亲情，而不讲义务就会使情分流于空谈。

2. 教育人格的价值

家庭承担着婚姻双方的人格再造和培养下一代合格公民的重任。婚姻双方最初的家庭关系，双方的人格相互影响、相互促进，既是自身人格自我教育的新阶段，又是对子女人格教育的起点。传统社会中，婚姻家庭关系中片面强调女性对男性的绝对服从，晚辈对长辈的绝对服从，女性和晚辈是没有独立人格和个性的。而在当今的婚姻家庭关系中，男女平等、长幼平等，每个人都有自己独立的人格，丈夫也可以服从妻子，长辈也可以服从晚辈。这种服从是对知识、能力和品德的信服，不是对夫权和父权、年龄和资历的服从。男女双方、长幼之间相互影响，相互促进，形成了新的、开放的、民主的"家风"和"家法"，彼此承担教育人的责任。家庭要为社会输送一代新的、合格的公民，它是引导人走上社会的桥梁，儿童社会化首先是在家庭中进行的。由于家庭成员间的特殊关系，通过耳濡目染、言传身教，能更直接、更有效地起到学校教育所难以起到的作用。

3. 安宁归宿的价值

人口老龄化问题的出现，大家庭逐渐分化为各自独立的小家庭，四世同堂、五世同堂已不多见，至多也不过三世同堂，家庭的核心也已由长者转变为家中挑大梁的中年人。随着小家庭、核心家庭的增多，老人在家庭中的地位、权威减弱，出现了不关心老人、不尊敬老人，甚至虐待老人的现象。加之经济价值的生活化，使家庭关系笼罩上了浓重的物质关系或金钱关系的阴影，个别老人由于失去了工作能力，甚至生活能力，晚景凄惨。在社会还不能完全承担起养老的责任时，家庭仍然是老人安享晚年的场所，是老人享受天伦之乐的归宿所在。

4.弘扬家庭美德，促进社会和谐

众所周知，中国传统社会主要把婚姻家庭作为一种制度和义务看待，把它作为宗法社会关系的重要环节予以重视，而且这种重视远远超过了对婚姻情感的重视与关切。儒家把夫妇关系看作是"人伦之始，造化之基"而放到特别显要的位置，并以这种夫妇婚姻缔结为基本点，以血缘为中心，建立起一套完整的宗法体系，因而有"天下之本在家"之说。家庭的稳固是一切的开端。"齐家、治国、平天下"是人们理想的人生目标，从中也反映出实现这种理想的前后次序。以孝道为核心并由此推衍出来的伦理纲常，即是以家庭为基本出发的。正因为如此，中国传统婚姻家庭有着非常明显的伦理特征：父慈子爱与父为子纲、夫义妇顺与夫为妻纲、兄友弟恭与长尊幼卑。

历史发展到今天，随着市场经济的全面冲击，社会分化与社会流动的深刻影响以及中外文化的激烈碰撞，中国当代社会的婚姻家庭生活正在经历着渐进而痛苦的蜕变。自20世纪80年代以来，中国婚姻家庭出现了一些新的走向和趋势，比如婚姻家庭结构多元化、家庭伦理关系重心的下降和轴心的变动、婚姻家庭生活的情感化、婚姻家庭稳定性的下降、夫妻平等关系的进步，等等。这些趋势在现实生活中同时又表现为高离婚率、性自由行为、同居、独身、非婚生育、同性恋、单亲家庭等复杂现象，这些显现在婚姻家庭生活领域的新趋势与新问题不可避免地冲击了家庭和谐。

党的十八大以来，习近平总书记多次强调家风和家庭文明建设，"无论过去、现在还是将来，绝大多数人都生活在家庭之中。我们要重视家庭文明建设，努力使千千万万个家庭成为国家发展、民族进步、社会和谐的重要基点，成为人们梦想启航的地方"。2020年9月，民政部、全国妇联联合印发的《关于加强新时代婚姻家庭辅导教育工作的指导意见》指出，要注重家庭家教家风建设，推动社会主义核心价值观在家庭落地生根，引导广大家庭培养爱国爱家的家国情怀，建设相亲相爱的家庭关系，培育向上向善的家庭美德，体现共建共享的家庭追求，以家庭和谐促进社会和谐。

"弘扬家庭美德，促进社会和谐"是婚姻家庭咨询师开展工作的最终目的。婚姻家庭咨询师必须深刻认识建设和谐家庭的重大意义，因此必须在学习之初就从更宏观的角度来认识婚姻和家庭。和谐家庭是一个内涵非常丰富的社会范畴，它涉及经济、政治、法律、伦理、心理等诸多领域；婚姻家庭更是时代的写照，透过婚姻家庭观念的变迁历程可以清晰看到时代发展的脉络。通过本教材初级阶段的学习，我们将更清楚地洞察婚姻家庭中个体的所思所想、关注点与价值观，更容易理解各种错综复杂关系和现象之间的内在关联，这样才有可能在未来的运用和实践中做到举一反三、触类旁通，运用专业技能和方法帮助处于婚姻家庭困境中的人摆脱困境，过上幸福生活。

第二节　关注婚姻家庭问题的迫切性

在古代社会，"不孝有三，无后为大"，结婚成家，上要孝敬父母、下要传宗接代，因此，往往是夫妻关系依赖于亲子关系。而现代社会，人们在家庭之外也能满足其在经济、教育、娱乐等方面的需求，养育问题对于个人来说已经不像在传统社会中那么重要了。由此导致以"经济合作社""生育共同体"等面目出现的传统家庭正在被现代的"情感—心理—文化共同体"式的家庭取代，建立在生物学基础上的夫妻关系成为家庭关系中最为重要、最为关键的一环。

一、追求婚姻自由和婚姻质量已成为时尚

学术界对于中国传统婚姻的意义主要有以下几种公认的解释：为扩大家族势力而结婚；为祭祀祖先而结婚；为传宗接代而结婚；为增加家庭劳动力而结婚；为定人伦而结婚。但随着社会的进步，爱情、性越来越成为现代婚姻中重要的因素。追求感情的获得和享受，已逐渐成为当代中国社会婚姻家庭生活的一个主旋律[①]。中国传统婚姻家庭关系中最重要的因素——生育功能已经逐渐失去它的极端重要性，现代的婚姻模式更加注重和追求爱情、陪伴和支持。

维系婚姻家庭的纽带，由外在的制约变为内在的夫妻感情的吸引，夫妻本身的精神文化素质、心理感情、人格等因素就成为家庭幸福、婚姻美满的决定性因素，衡量婚姻质量的标准主要在本代、在夫妻之间。无论是在缔结、维持还是结束婚姻状态时，感情的含量都在上升，感情与义务、情爱与责任的统一，正逐渐成为人们的理性选择和对婚姻的道德评价标准。人们愈发地渴望高质量的婚姻家庭生活，这种价值观念从人们的择偶、生育、离婚观中能够充分地显示出来。

历史上中国人耻于言性，认为性是肮脏的、下流的，把性归于动物式的欲求。自宋明理学开始盛行以来，"存天理、灭人欲""从一而终"等观念在社会上占据了统治地位，性保守、性封闭越来越严重。进入现代社会以来，随着对爱的重视程度的提高，性的因素在家庭中的作用也不断增大。人们越来越认为以爱情为基础，以男女平等为前提的性爱是一件值得崇敬的事，越来越反感和拒绝有爱无性、有性无爱和无爱无性的婚姻家庭生活。对精神生活要求提高以及对高质量性生活的追求，显示中国人的性意识在觉醒，但性知识却严重滞后，在性行为方面的无知、偏见、迷误、执着引起夫妻和家庭关系的紧张和不快，并使人处在性功能失调的"难以启齿"的巨大压力和深切痛苦中。所有这些，都在提示我们婚姻家庭咨询师指导工作的重要性和紧迫性。

---

① 李佳漪.中国传统婚姻家庭的现代嬗变［D］.重庆：西南大学，2007.

二、男女平等已成为家庭生活的发展趋势

随着现代文化观念的普及，城乡各地家长制的家庭在减少，民主型的家庭逐渐增多。这主要表现在：家庭关系中夫妻平等，生育意愿选择上的平等，以及双亲影响子女的方式正由权威型转向平等型。越来越多的人认识到，男女平等对于提高婚姻家庭生活质量的极端重要性，并因此而增强了追求男女平等的自觉性。同时，市场经济的发展为男女平等、相互信任提供了一定的经济基础；现代社会向法治社会的迈进，全民族法治意识的增强，又为男女平等、相互信任奠定了坚实的法律基础。

但值得我们注意的是，在目前的婚姻家庭生活中，男女平等、相互信任更主要地还是一种内在需求，传统的男尊女卑或重男轻女的观念、男主外女主内的习惯、男性主导的社会氛围并没有从根本上得到消除。与此同时，在男女平等的问题上，存在忽视男女生理、心理等方面的差异而片面追求机械的、绝对平等的趋向。对于绝大多数女性来说，做妻子和母亲依然涉及她的整个命运，职业女性都希望能把事业成功和家庭经营协调起来，但在现实社会情境中很难兼顾。因此，便衍生出女性意识与整个社会意识的错位，事业与家庭的矛盾和痛苦[1]。这表明，在当代的婚姻家庭生活中，确立正确的男女平等观依然是一项艰巨的任务。

三、婚姻家庭关系的稳定性在下降

近年来，婚姻家庭关系的稳定性在持续下降，这主要表现为离婚率不断上升且年龄多层次化。除离婚以外，婚姻家庭关系稳定性下降还表现在关系趋于开放，非婚同居、婚外情增多而引起的离婚现象的增多。婚姻家庭关系的不稳定性带来了单亲家庭、赡养老人、教育儿童等一系列棘手的社会问题。

尽管我们大多数人都渴望婚姻家庭关系的稳定，可对于夫妻间如何彼此关爱、

---

[1] 华昊.社会转型时期电视剧中的女性意识嬗变［D］.苏州：苏州大学，2012.

扶持，如何沟通，如何处理个人情绪问题和共同的财务、子女教育等问题，如何维护家庭稳定与和谐，等等，却没有多少人真正做到有备而来。所以，在现实生活中常常发生的情形是：我们努力，我们付出，我们在外面貌似成功，可夫妻相处却总是问题迭出，渴望稳定的家庭却经常混乱不堪，甚至危机重重。面对婚姻家庭中出现的问题，夫妻双方几乎都是靠在原生家庭学到的本能应对方式，以及在网络上学习到的碎片化知识或心灵鸡汤去处理，从小的摩擦到大的矛盾，慢慢陷入水深火热，日积月累夫妻感情消磨殆尽，只剩下相互埋怨、指责和嫌弃。所以我们常常会听到这样的感叹："婚姻是爱情的坟墓"。

婚姻关系从缔结到维系，都需要夫妻双方的共同参与和不断调适。伦理学家宣兆凯说："婚姻地位即个人在婚姻关系中所处的位置，一般而言，每个人在择偶时都希望找到自己倾慕的人，与自己般配即婚姻地位相当的人。夫妻之间只有相互倾慕，婚姻地位相当，才可以有深厚、持久的爱情。一个人若想拥有美满、幸福的婚姻，不但要在择偶时选择婚姻地位相当的伴侣，在婚后还应时时调适婚姻地位状态，使之保持动态的平衡。"学者在这里特别提到了调适。调适是加深夫妻感情、保持婚姻关系的有效的办法，尤其是在社会转型时期，对于那些婚姻关系发生变化甚至产生某种程度失衡的家庭来说，就显得更加重要。特别需要指出的是，调适是夫妻双方应尽的责任，这就像夫妻双方都拥有权利和义务一样，应该肯定它主动性、积极性的一面。婚姻家庭咨询师的重要作用就在于，将有关婚姻家庭的知识、经验和观念传递给婚姻当事人，帮助其走出自己认知和行为上的局限和误区，进而提升婚姻家庭的稳定性。

四、家庭的重心转移引发代际冲突和矛盾

一方面，现代化进程促使婚姻家庭伦理关系的重心由老一辈下移到子女身上。在古代社会，"家有一老，胜过一宝"，社会活动中流行的是一种年龄和资历取向。而在现代社会，由于社会提倡能力取向，倡导求新、求异、求快，知识更新的速

度大大提高，使得新生代比老一代在很多方面更具优势，而老一辈的年龄、经验优势有时反而变成一种前进的障碍。两代人面对现代化进程时各自优势的此消彼长，不可避免地导致生活中出现伦理重心的转移，子女事实上成为当今家庭生活中的重心。随着独生子女进入婚恋期，中国在核心家庭增多的同时，空巢家庭也会相应增加，这会使老年人的社会保障面临严峻形势。除经济上的需求外，老年人面对的更主要的是子女离家后的孤独、无助，缺乏交流和社会价值感下降等心理不适。

另一方面，一系列社会变化又促使婚姻家庭伦理关系的重心由长者下移到儿童身上。这些变化中，最主要的就是独生子女的大量出现、社会经济的巨大进步、社会生活速度的加快以及人际关系的逐渐冷漠化。这些因素的综合作用，使得儿童对于父母而言，发挥着调适夫妻关系、实现父母心愿的极其重要的作用。不仅如此，由于经济、社会、文化等方面的进步、养育孩子数量的减少及对自己孩子的期望值增大，父母在孩子的教育上投资的动机和能力得到显著的提高，儿童的教育在婚姻家庭生活中成为一个重要的生活内容。现代孩子们较早的自我意识的觉醒和特立独行的逆反行为，加剧了亲子关系建立的难度。这些都在不断挑战着父母们长久以来从上一代承袭下来的传统观念，这也是所有婚姻家庭咨询师必须学习的部分。家庭中代际关系冲突既有共性的一面，同时也必须顾及每个家庭不同的问题和特色。婚姻家庭咨询师要关注家庭成员不同的文化背景、不同性格、不同社会地位和经济地位、不同家庭角色对个人的长期塑造，因势利导进行辅导。

第三节　我国婚姻家庭咨询的起源与发展

一、我国婚姻家庭咨询产生的时代背景

如前文所述，我国在经历了经济改革带动的一系列重要社会发展变革之后，

传统家庭的功能结构、生活方式、价值取向都发生了深刻的变化，一方面，追求民主、平等、和谐的婚姻家庭关系已成为绝大多数家庭的共识，另一方面，社会的变革与分化使日常生活的压力和各种不确定因素增加，家庭成员心理疾病的发病率越来越高。有关调查显示，城市里有20%~30%的人存在不同程度的心理疾病，如孤独、抑郁、躁狂、自闭等，这些心理疾病直接影响着当事人的婚姻家庭生活质量，在某些意外事件的触发下容易产生极端行为，造成不良的社会影响。近些年来，媒体上经常可见类似的报道，一些暴力手段极其残忍，已经影响到社会的安定团结。

受"家丑不可外扬""清官难断家务事"等传统观念的影响，长期以来，当人们婚姻出现危机或家庭产生纠纷时，习惯求助于亲属、邻居或朋友，不得已才起诉到人民法院。但受制于自身限制和立场问题，亲朋好友可能偏信偏听，有时候他们的参与可能使不良的婚姻关系更加恶化；随着生活节奏的加快、居住方式的变化，"远亲不如近邻"在城市居民的邻里关系中被淡忘，邻里之间变得形同陌路，使得人们很难在遇到婚姻问题时找邻里帮忙；在处理婚姻纠纷时，法院则更侧重财产分割、子女抚养等物质利益的平衡，不注重家庭感情的修复，"当面对峙"式地开庭，反而可能会放大冲突与矛盾，使当事人遭受二次伤害。

二、我国婚姻家庭咨询师的发展历程

1. 从无人知晓到缺口巨大

2007年4月，原国家人力资源和社会保障部批准发布婚姻家庭咨询师这一职业，将其纳入《职业大典》，成为中国婚姻家庭咨询领域唯一的国家级职业。2009年6月，首次国家婚姻家庭咨询师（三级）职业资格认证考试在北京举行，婚姻家庭咨询师这个职业逐渐进入大众视野。虽然我国有关部门已经参考发达国家经验，把每千人一位婚姻家庭咨询师作为达到小康生活水平的10项标准之一，但目前离实现每千人一位婚姻家庭咨询师的目标还有相当大的缺口，尤其是缺乏经过系统专业培训的、合格的家庭婚姻咨询师。要达到这一目标，至少需要20年时间来对婚姻家庭咨询师连续进行有规模的系统专业培训。

2. 考试取消，职业还在

2016年底，国务院为了推进简政放权、放管结合、优化服务改革的重要内容，深化人才发展体制机制改革，推动大众创业和万众创新，先后分7批取消了434项国务院部门设置的职业资格许可和认定事项，婚姻家庭咨询师就列于其中。很多人产生疑问：为什么取消，还可不可以从业，今后这个职业将何去何从？其实，取消职业资格许可和认定，改为推行社会化职业技能等级认定，由用人单位和社会培训评价机构开展职业技能等级认定、颁发职业技能等级证书，更有利于激发市场活力，建设更加适应时代与社会发展需求的婚姻家庭咨询师人才队伍。毕竟婚姻家庭咨询师的学习和考核，不仅仅是考察一个人技能的问题，还包括整体素质、人格魅力等，以及在处理个案的过程中，从业者的娴熟、灵活性等方面。

3. 朝阳产业，前景乐观

2015年，民政部发布的《婚姻登记工作规范》第二十一条规定："婚姻登记处可以设立婚姻家庭辅导室，通过政府购买服务或公开招募志愿者等方式聘用婚姻家庭辅导员，并在坚持群众自愿的前提下，开展婚姻家庭辅导服务。"2017年民政部发布《婚姻家庭辅导服务》行业标准，提出了"婚前辅导""婚姻关系辅导""家庭关系辅导""离婚调适辅导"四种婚姻家庭辅导服务模式。目前，全国大多数婚姻登记处普遍设立了婚姻家庭辅导室，聘请社工师、婚姻家庭咨询师、心理咨询师等专业人员，为当事人提供婚姻家庭辅导。2017年3月，全国妇联、司法部等六部门联合出台了《关于做好婚姻家庭纠纷预防化解工作的意见》，各地各相关部门相继成立婚姻家庭纠纷专业性人民调解委员会，专门开展婚姻家庭纠纷调解工作。2020年9月，民政部、全国妇联印发《关于加强新时代婚姻家庭辅导教育工作的指导意见》，再次强调了深化婚姻家庭关系调适的要求。2021年1月1日，《中华人民共和国民法典》正式实施，离婚冷静期政策的出台，体现了国家对婚姻危机人群的高度重视。综上，这些政策的出台和机构的设立，都迫切需要大量专业的婚姻家庭咨询师进入，而我国的婚姻家庭咨询师专业化培养尚在起步阶段，存在着巨大的人才缺口。

三、婚姻家庭咨询师专业发展的意义

自婚姻家庭咨询师这一职业诞生10多年来，我国各省相继成立的婚姻家庭咨询师协会，在规范行业、培训人才、经验传承等方面取得了一定进步，但是婚姻家庭咨询服务的水平和质量还有待进一步提高。制约我国婚姻家庭咨询服务水平提升的关键因素就是缺少一支数量充足、专业水平高的婚姻家庭咨询师队伍。

一个普通的职业群体要成为专门职业，应逐渐符合一定的专业标准，并获得相应的专业地位。达到这个水平有赖于该群体的专业发展逐步形成并达到一个统一的、规范的标准，并在从业过程中受到服务对象和社会的认可，进而取得相应的专业地位。正如联合国教科文组织在1996年召开的第45届国际教育大会上提出"在提高教师地位的整体政策中，专业化是最有前途的中长期策略"。医生、律师等职业之所以受到人们的尊重，收入比较高，一个重要的原因就是对从业者有很高的专业门槛。以医生为例，我国目前的医生培养模式主要是"5+3"模式，即在5年医学类专业本科教育结束后，进行3年的住院医师规范化培训，结业考核合格后，才具有医生的从业资格。

我国曾于2008年出台《婚姻家庭咨询师国家职业标准（试行）》，设置了相应的专业准入门槛，规定了职业道德标准等，但自2016年取消婚姻家庭咨询师职业资格许可和认定后，目前我国市面上对婚姻家庭咨询师的培训课程鱼龙混杂、良莠不齐，大打价格战，进行不实宣传，不审核培训报考资质，宣称考试包过拿证……导致我国婚姻家庭咨询师队伍专业性不强，从业人员水平参差不齐，婚姻家庭咨询师职业群体的收入和社会地位要远低于医生、律师等职业，很多年轻的高学历人才不愿意从事婚姻家庭咨询工作。本套教材也是在这一历史条件下，组

织专业力量编著而成，希望能为婚姻家庭咨询行业提供专业化培训教材，提高从业人员技能和素质，逐步锻造出一支符合标准和需求的高素质的专业队伍。婚姻家庭咨询师队伍需要不断强化自身的专业发展之路，努力提升整体专业素养，这是婚姻家庭咨询行业专业化建设的基础保障。

第四节　婚姻家庭咨询师的成长之路

一、严格遵守职业道德

良好的职业道德是保证做好婚姻家庭咨询工作的首要条件。有关职业道德的知识将在本书第二章进行详尽的阐述。需要特别强调的是，婚姻家庭咨询师的知识水平和专业技能可以逐步提高，职业道德操守却从一开始就必须达到标准。一名合格的婚姻家庭咨询师，还必须具有奉献他人、服务社会的使命感，在工作中要积极宣扬中华文明的优秀传统婚恋观、家庭观、教育观，以实际行动辅导好每个家庭，成为推动和谐社会建设的一员，履行传承优秀传统、传播爱、传递和谐的职业使命。

二、全面提高专业知识技能

《婚姻家庭咨询师国家职业标准》明确规定了我国婚姻家庭咨询师的职业定义是："为在恋爱、婚姻和家庭生活中遇到各种问题的求助者提供咨询服务的人员。"俗话说，要想给别人一杯水，自己就应有一桶水。成长为一名优秀婚姻家庭咨询师不是一蹴而就的，需要不断加强理论学习，熟悉婚姻家庭相关的法律政策，对心理学、社会学、医学、法学、哲学、宗教文化等均要有所涉猎，博览群书，从言谈举止到基本的沟通，从研习、讲座到个案咨询，在实践中应用总结，不断提高自身的专业素质和能力。树立终身学习的理念，才能在这一领域有所成就。

三、学会在市场中找准定位

我国约有 3.7 亿个家庭，面对婚姻危机、家庭暴力、亲子沟通障碍等无法回避的问题，无数人困惑痛苦却求助无门，亟须婚姻家庭咨询师的专业咨询与帮助，这构成了一个巨大的社会需求[①]。与这种巨大的需求形成鲜明对比的是，目前婚姻家庭咨询师这一行业还不规范和成熟。一名优秀的婚姻家庭咨询师，必须熟悉市场或业态的变化，并且在这种变化中找到自己的位置。未来的婚姻家庭咨询师从市场服务的角度出发，会出现包括坐诊似的咨询服务、"上门服务"、"专业家庭顾问"、"社区家庭协调员"等从业形式，咨询师还可以和各级妇联、社区居委会、企事业单位和公益机构等展开多层面、多形式的志愿服务、教育讲座、主题研讨等，这就需要咨询师必须提高社会资源分析和公共关系处理的能力。为了适应甚至引导市场，婚姻家庭咨询师还要学会主动研究市场或业态，或者更加深入地研究咨询对象的需求，由"被动"变为"主动"服务，这是市场需求面临的改变，同时也是婚姻家庭咨询师职业成长的挑战。

四、在实践中健康成长

婚姻家庭咨询师为求助者排忧解难，但他们自己在现实生活中同样也会遇到学习、工作、家庭等方面的困难，一个心理调节能力较强的婚姻家庭咨询师应该具有能够解决自己个人问题的能力，能自我接纳、自我调节，能经常性地保持健康和谐的心理，不将不良情绪传递给求助者，不断地认识自己、了解自己，不仅了解自己的长处和优点，了解自己的弱点和盲点，还要了解自己的需要和感情，了解自己的偏见和症结，这样才能在咨询中更好地了解别人的需要和感情。婚姻家庭咨询师真挚、自信的情感，轻松、愉快的情绪在咨询过程中可以对求助者产生积极的心理暗示作用。坚强的意志、对工作充满信心、旺盛的工作精力和锲而

---

① 如何做一个合格的婚姻家庭咨询师［Z］.360 文库，2017-08-29.

不舍的追求精神、对婚姻家庭咨询工作浓厚的兴趣、饱满的热情等，也是一个成功的婚姻家庭咨询师必须具备的心理品质。

"律己足以服人，身先足以率人，轻财足以聚人，爱人足以助人。"如果婚姻家庭咨询师能够给自己设定一个职业生涯规划，也对未来的职业挑战有一个理性清晰的认知，全面学习、不断提高和充实自己，走出自我局限，全力寻找市场结合途径，并且懂得携手成长、相互支持，愿意付出真心和爱，婚姻家庭咨询师一定是一个充满阳光的受人尊敬的全新职业！我们也更加相信：中国人将因为有了越来越多、越来越优秀的婚姻家庭咨询师而生活得更加和谐、健康、幸福！

第二章
中国婚姻家庭形式的历史和现状

在我国的历史长河中，原始社会、奴隶社会、封建社会、近代社会和现代社会的婚姻制度、家庭形式各有鲜明特色。不同的历史时期，政治、经济、文化不同，婚姻家庭形式也不同。我国婚姻家庭形式的演变和发展反映了不同历史时期政治经济社会文化的特点。

第一节 原始社会婚姻家庭形式的演变

人类婚姻大致经历了五个发展阶段：原始社会的杂婚、氏族内同辈血缘的群婚、排除同胞兄妹血缘的伙婚、同姓不婚的族外对偶婚以及一夫一妻的专偶婚。

一、杂婚

在原始社会早期，人类经历了一个漫长的前婚姻时代。在生产力极端低下的原始社会中，人们群居生活，共同劳动、共同分配、共同生活，男女没有固定配偶，不存在婚姻和家庭形式，人们只知道母亲却不知道父亲，没有亲戚、兄弟、夫妻之别，形成母系氏族社会。

原始社会婚姻家庭是以自然条件为基础的，两性关系完全受人类自然本性的支配，如《列子·汤问》所载"男女杂游，不媒不聘"，说的就是杂婚、群婚形式下，人们的婚姻形式十分自由、随意，不存在媒妁嫁娶的情况[①]。经过漫长的历史

---

① 徐匋.媒妁与传统婚姻文化[M].北京：农村读物出版社，1991：2.

演进，这种在血缘和辈分上毫无限制的杂婚遭受自然选择规律的严峻挑战，因而逐渐被部落内同辈的血缘群婚所取代。

二、群婚

人类婚姻关系的萌芽是以群婚制为发端。血缘群婚，最常见的是同胞兄弟姊妹间的婚姻关系。取消不同辈分之间的杂婚状态，禁止父母辈和子女辈之间发生关系。但近亲交配的血缘群婚会使后代患有遗传疾病，存在严重的先天缺陷，不利于繁衍生存。《左传·僖公二十三年》载"男女同姓，其生不蕃"，《国语·晋语四》也有记载"同姓不婚，惧不殖也"。于是排除同胞兄妹血缘的伙婚从血缘群婚中分离出来，形成了一种更进步的婚制。

三、伙婚

伙婚制全面排除了同胞兄弟姊妹的通婚，变成由某一血缘氏族的一群男人和另一血缘氏族的一群女人形成婚姻关系，男子共妻、女子共夫，并往往出现兄弟共妻、姊妹共夫的情况。随着伙婚制的推行，由于一个民族的男女不得不和另一个民族的男女结为夫妻，而且一般是女方氏族迎娶男子，配偶的随意选择性大幅降低，这样就出现了对偶婚。

四、对偶婚

对偶婚是原始社会从群婚制到一夫一妻制的过渡。对偶婚的一个明显特征是，男人可以选择一个女人作为他的主要妻子，一个女人也可以选择一个男人作为她的主要丈夫，一对男女在一起实行长期或短期的同居关系。对偶婚虽然相对稳定，但不是单一的、固定不变的，有时是复合的或交叉的，如一个女子与几个男子或一个男子与几个女子分别地对偶同居在母系氏族下。对偶婚仍以母系社会女子为中心。

对偶婚的形成在婚姻的进化过程中具有很重要的意义。对偶婚的后期，人类社会逐渐进入父系氏族阶段。在群婚制下，人们只能依据分娩的事实判明子女的生母；在对偶婚制下，谁是子女的生父一般也是可以判明的。随着氏族经济不断繁荣、财富不断积累，战争中掠取俘获的妇女增多，主夫主妻的伙婚遗风逐渐消失，男性越来越倾向于独占女子。这样子女可以确认自己的父亲，父亲也可以确认自己血缘的直系子女，婚姻也就开始具有财产继承、种姓延续的意义。这一切都预示着更文明、更进步的专偶制婚姻的到来。

五、专偶婚

专偶婚，即一夫一妻制婚姻。男子通过婚姻组成家庭，不仅控制和占有了越来越多的财富，而且控制和占有属于自己的妻子和子女，妻子则和财产、子女等成为父权的占有物。这种婚姻形态是在私有制基础上，以父权为中心，女子处于一种从属地位，两性间关系不平等，形成一种隶属关系[①]。

专偶婚婚姻制度的产生源自私有财产的产生和发展，随着母系氏族被父系氏族所替代，两性地位发生根本变化，形成男尊女卑的专偶婚制度。原始社会人们的杂婚、群婚等大多是出自人类繁衍后代的本能，但进入私有制、阶级社会以后，婚姻已不再是个人的行为，而是种姓的延续，建立与维系家庭，成为父系社会组织的基本单位，成为宗法制社会中联系各个家庭乃至家族的重要纽带。

综上所述，原始社会为母系氏族公社时期，本氏族的男子出嫁到其他氏族通婚。随着生产力发展，男性生产力占优势，父系氏族公社取代母系氏族公社，婚姻也转变成出嫁女子。男性地位升高，父权占统治地位，男性家长制决定继承权按父系血统确立，嫡长子继承制衍生出妻妾等级制。因此原始社会婚姻制度的演变，也是社会发展不同经济文化的产物，符合原始社会的时代特色。

---

① 岑玲.从《韩凭夫妇》看古代殉情模式的原型意蕴[J].遵义师范高等专科学校学报，1999（4）：26-28.

第二节　古代宗法社会的婚姻家庭形式

婚姻制度随着社会经济文化发展而变化。古代宗法社会的婚姻家庭制度，实际上体现的是不同宗族为了家族利益，以父权家长制掌控婚姻，实行家族利益更大化，以稳固政治统治和提高社会地位。

一、奴隶社会实行婚姻制度分层

夏朝至春秋为我国奴隶制社会时期。奴隶主是完全占有奴隶的，奴隶是无人身自由的。此时期婚姻制度按照社会地位分层。在奴隶主贵族阶层如周天子、诸侯、卿大夫中，实行一夫正妻媵（yìng）妾制的婚姻形式，即一名地位身份高的正妻及其表姊妹作为媵妾陪嫁，其中正妻的权力最大，其生育的子女享有财产、爵位、王位的继承权[①]。在士一级的自由民中，因占有一定的生产资料，对国家缴纳赋税，并有自己的个体经济家庭，因此主要实行一夫一妻制。随着自由民阶层的扩大，一夫一妻制越来越普遍。奴隶阶层，基本上实行群婚制性质的对偶制婚姻形式，因为他们仍然过着一种类似氏族大家庭的生活，没有自己单一的个体经济家庭。

奴隶社会的婚姻制度与奴隶社会的政治经济相匹配，呈现出男尊女卑、压迫女性的特点。此外，各诸侯国林立、政权更迭频繁，政治联盟联姻多见，特殊的政治环境和时代特点催生了媵婚制（同姓侄娣随嫡妻而嫁）、流亡婚（流亡诸侯与他国联姻）、烝报婚（父死娶后母，兄弟死娶其妻）、华戎通婚（华夏与戎狄通婚）

---

① 金双秋.中国民政文化史［M］.北京：北京大学出版社，2009：38.

等与传统婚姻制度不同的婚姻制度[①]。

二、奴隶制时期的婚姻家庭特征

奴隶制时期婚姻家庭的形式和礼制在《礼记》中有系统的记载,婚丧嫁娶是奴隶主贵族在婚姻家庭方面必须遵循的行为规则。奴隶制时期的婚姻家庭有以下特征。

首先,婚姻家庭制度完全从属于宗法制度。所谓宗法制度,是奴隶主阶级利用血缘纽带将同姓贵族联结起来,通过与异姓贵族的联姻,形成了广泛的亲属网络和政治网络,以此实现阶级统治。宗法制度体现父系男权统治特色,因此将婚姻家庭制度和宗法制度密切联系在一起。婚姻家庭制度是为了维护国家和社会宗法秩序的必然要求。

其次,婚姻制度实行聘娶婚,实为包办买卖婚姻。在奴隶制时代,婚礼的根本宗旨是"合两姓之好""上以事宗庙,下以继后世"。《中庸》也有"君子之道,造端乎夫妇"等语,婚姻被认为是人伦之始。婚姻以包办、买卖为主,聘娶婚为主要的结婚方式,"六礼",即纳采、问名、纳吉、纳征、请期、亲迎为嫁娶程序。父母、尊长对子女、卑幼有主婚权,在婚事上往往以聘娶为名,行买卖之实。这种婚礼是为了维护奴隶主的阶级利益,虽然贵族在名义上实行一夫一妻制,但事实上是一夫多妻制。

再次,家庭制度实行家长制,以"孝悌"为最高原则。奴隶制时代有繁多庞杂的家礼,以"亲亲""尊尊""长长""男女有别"等为基本内容,由调整各种身份关系的规范组成。家庭中实行家长制,父系、父权、父治一身三任。家庭大权操于家长之手,男女、夫妇、上下、长幼之间尊卑有序,各有其位。子女、卑幼必须恪遵孝道,在人身关系和财产关系方面都受着家礼的重重束缚。女性家庭成员的地位远低于男性家庭成员。

---

① 陈阳.论中国古代婚姻制度之政治性[D].北京:中国政法大学,2010.

三、封建社会实行一夫一嫡制

在中国两千多年的封建社会中,"一夫一嫡制"成为主要的婚姻形式。战国以后,铸铁冶炼技术的出现促进生产力的发展,农业耕种效率提高,经济繁荣、财富积累,大量财产积聚在地主阶级。战国后中国地主阶级实现了封建大统一,虽然封建制生产方式比奴隶制领土分封制进步,但同样实行等级制度,以新的剥削方式代替旧的剥削方式[1]。封建制时代的婚姻家庭制度与奴隶制时代的婚姻家庭制度是一脉相承的,是封建宗法统治的重要工具。

封建制时代,婚姻制度上主要呈现"一夫一嫡制",婚姻家庭相关的法规为户婚律。古代婚姻虽说是一妻制,但属"一夫一嫡多妾制",所谓的嫡妻,即正妻,只能有一个,妾却存在多名,妻妾所生子女有嫡庶之分,享有的财产和地位继承权不同。封建时代的婚姻制度,体现的是古代父权统治地位和特权,将婚姻家庭纳入到国家政治管理和赏罚制度中,以"君为臣纲,父为子纲,夫为妻纲"三纲为宗旨。宋、元、明、清婚姻家庭法继续沿革上述户婚律法规。婚姻家庭相关法规如下。

首先,法律限定结婚年龄。古代生活环境恶劣,医疗条件差,战争瘟疫大量削减人口,为了增加人口鼓励婚育,我国古代基本形成了男十六岁、女十四岁较低法定婚姻年龄的格局。纵观中国古代法律规定可知,男女结婚年龄在13~30岁波动,一些朝代甚至有逾期未婚者受罚的规定,如汉代有"女子在十五至三十不嫁者,五算"规定,即对于年龄段在十五岁至三十岁的未出嫁女子征收正常人丁五倍的赋税[2]。古代适婚男女多受家庭父权控制,被动选择早婚。

其次,婚姻契约具有政治特征。结婚是一定要有婚约的,婚姻合同的主体是

---

[1] 向仍旦.中国古代婚俗文化[M].北京:中国书籍出版社,2014:71.
[2] 秦朋.我国古代婚姻年龄问题研究及当代意义[D].郑州:郑州大学,2017.

父权的家长，体现"父为子纲""夫为妻纲"。婚姻契约确立后，即是正式夫妻。但男女悔约的法律责任是不同的。古代封建社会，男女婚姻不平等，结婚和离婚由家长控制，没有个人自由。

再次，解除婚姻关系受法律惩罚。古代婚姻关系的解除，主要有三种情况：七出、义绝、和离。"七出"是指，不顺父母去、无子去、淫去、妒去、有恶疾去、多言去、窃盗去。"义绝"指的是夫妻双方近亲属之间有相互杀害的行为，此行为会导致夫妻之间恩断义绝。"和离"是指夫妻双方感情破裂了，自愿离婚。自唐代以后直到清代，和离都被写入法律条文之中。[1][2]古代律法不主张诉讼离婚，"七出"实际上是给予丈夫的一种特权，为封建父权统治而服务，体现了"父为子纲"与"夫为妻纲"的不平等条约。

综上可知，封建社会一夫一嫡制的聘娶婚，结婚年龄、婚约缔结、离婚条例等婚姻制度不仅是民事法规，还受法律、政治约束。在封建社会，婚姻法从制度和条文全面体现古代"君为臣纲，父为子纲，夫为妻纲"的三纲宗旨。

四、封建制时代的婚姻家庭特征

封建制时期婚姻家庭的形式和礼制，受西汉的"三纲五常"学说和宋代程朱理学的宗法观念影响，具有以下特征。

首先，婚姻无自主性，买卖包办强迫婚姻。按照律法要求，男女婚姻由父母和尊长等第三人之手成立，讲究"父母之命"和"媒妁之言"，而非出于本人的意愿。门当户对和婚姻论财，是封建婚姻的实际内容，由父母、尊长订立婚约依据。按照三六九等划分社会人群，不同阶级、等级、家庭地位严格限制通婚，良贱不婚。封建婚姻以聘娶婚为主，基本上沿用"六礼"嫁娶程序，法律以订立婚书和

---

[1] 杜启顺.我国婚姻家庭法的传统与现代化探析[J].湖北经济学院学报（人文社会科学版），2016（1）：107-108.
[2] 史宝麟.论配偶权[J].遵义师范学院学报，2001（3）：14-15，18.

收受聘财为订婚的要件，体现了封建婚姻的嫁娶实际上是买卖婚，因此有男性因家贫而难以娶亲，也有女性因家贫而难嫁人。

其次，统治阶级实行一夫多妻制。为了维护宗法家族制度和继承财产，封建统治阶级重视嫡庶之别，婚姻制度实际上是一夫多妻制，名义上为一夫一妻多妾制。在严格的封建等级制度下，皇室君主妻妾数量惊人，同时王公、贵族、品官等的纳妾数额也与其地位相一致的。但普通百姓限于现实的地位和收入，实行一夫一妻制，底层人因为贫穷则婚嫁难。封建制时代妾的来源主要有买卖妇女、以婢作妾等，豪强之家持势掠夺民女为妾之事也时有发生。

再次，男尊女卑、夫权统治为纲。在封建宗法制度下，一切均以男子为中心。男尊女卑和夫权统治是封建主义婚姻家庭制度的本质特征之一。封建宗法伦理观念十分重视男女之别，并通过乾坤、天地、阴阳之说论证男尊女卑是天然合理不可更易。妇女在家庭生活中地位低下，处于从属地位，受夫权支配。封建时代的礼制和各种家训、家规，均要求妇女严守妇道，如"三从"，系指妇女须"幼从父兄，嫁从夫，夫死从子"。如"四德"，系指"德、言、容、功"，要求妇女在思想、谈吐、仪表和从事家务等方面安分守己、无违妇道。在财产权利方面，封建时代的家产是以家为本位的，夫妻财产在形式上是共有的、不分彼此的，但丈夫对财产的管理、支配、处分等拥有绝对主权。作为妻子，并无独立的财产权利。

最后，父权专制，家长漠视子女利益。封建时代家庭是家长制家庭，父权专制，子必从父，弟必从兄，妻必从夫，家属必须服从家长。男女间、夫妻间、嫡庶间、兄弟间皆存在不平等。在财产关系上，家长握有管理、支配家产的全权，法律有禁止卑幼不经家长私自动用财产的规定。在亲子关系中，"父为子纲"被奉为天经地义。在家长权和父权专制下，子女、卑幼需恪守孝道不得有违，因此主婚权、夫权、财产权和亲子关系皆服从家长，无自主权。

第三节　近现代婚姻家庭形式的演变

一、清末婚姻家庭制度立法偏重传统

1840年鸦片战争后，我国逐渐沦为半殖民地半封建社会。西方文化传入东方，中国社会和人民都开始受到西方价值观的影响，清末的变法修律也受其影响。1911年，《大清民律草案》是近代中国婚姻制度立法的开端，编制婚姻家庭的基本准则，但文中规定"凡亲属、婚姻、继承等事，除与立宪相背酌量变通外，或本诸经义，或参诸道德，或取诸现行法制，务期整饬风纪，以维持数千年民彝于不弊"[①]。但清末婚姻立法仍属于保守立法，虽然在其中吸收了西方诸国的法律制度和思想，甚至照抄其他国家的法律条文，但其中仍旧存在大量的体现宗法家族本位精神和维护君主专制的法律条文。

第一，维护家长制度，仍采用允婚制度。在当时新的婚姻立法草案中，家长仍旧拥有很大的权利，如婚姻的成立必须得到父母的允诺；两愿离婚，在男女双方未达到一定年龄的情况下，必须得到父母的允许；子女在财产上的权利，也由父母为之代行；父母对于子女仍旧拥有送惩权。第二，维护夫权。在新的民法中妻子被视为限制行为人，仍旧不是一个完整的法律主体。妻子的特有财产，丈夫有管理、使用、收益等权利，在日常家事上，妻子视为丈夫的代理人，丈夫有权限制其权利。第三，男尊女卑与间接承认妾的合法地位。草案明文规定丈夫是妻子的监护人，对妻子的人格加以限制。法律虽有明文规定不得重婚，但对于社会上普遍存在的纳妾行为却承认其合法性，这实际上是间接承认了妾的合法地位。清末中国婚姻和家庭法律制度的基本准则依然是封建社会的伦理

---

① 杜启顺.我国婚姻家庭法的传统与现代化探析［J］.湖北经济学院学报（人文社会科学版），2016（1）：107-108.

制度[1]。

二、民国婚姻立法传统与进步并存

民国时期，妇女解放运动开始在国内兴起，男女平权、婚姻自由的呼声日益高涨。1930年，南京国民政府正式颁布了《中华民国民法》，奠定婚姻法三大原则：一是承认男女平等；二是增进种族健康；三是奖励亲属互助而去其依赖性。民国婚姻法制度虽然在形式上趋向于自由、平等，但在内容上却保留传统法律精神，反映半殖民地半封建社会的婚姻家庭的特点。民国婚姻法有以下三个特点：第一，采用家族法原则而不采用个人主义。为了维护中国传统的家庭观念，在开篇便规定了家制，赋予了家长在家庭内很大的权利。第二，采用了中国传统男系宗法主义原则，将家属分为宗亲、夫妻、外亲及妻亲四种，仍旧以男性血脉亲属为主。第三，婚姻制度仍旧保留了允婚制度，规定婚姻必须得到家长父母的同意，年满三十岁，不在此限。因此当时新的婚姻立法草案虽然吸收了当时男女平等、婚姻自由的观点，但仍旧延续了《大清民律草案》的诸多缺点，因循有余、创新不足。

三、近现代婚姻家庭形式演变的意义

从近现代婚姻家庭形式的演变来看，我国现行的婚姻制度与传统封建婚姻制度、半殖民地半封建社会的婚姻制度存在极大不同。现行婚姻家庭制度废除了封建婚姻制度中男性优越和父权统治的规定，提出了婚姻自由、男女平等的新观念[2]。从社会环境方面来看，现行的婚姻制度逐渐摆脱了封建道德礼教的束缚；从家庭环境方面来看，现行的婚姻制度摆脱封建宗法禁锢，废除三纲控制的家长制；

---

[1] 余威龙.我国古代婚姻制度沿革及其对现代婚姻制度的启示［J］.开封教育学院学报，2019，39（7）：9-12.
[2] 贡振羽.从古今婚姻法律制度的沿革看我国妇女的社会地位［J］.山西高等学校社会科学学报，2003（10）：75-78.

从经济环境方面来看，现行的婚姻制度与当今经济繁荣多元化匹配，与旧社会男耕女织的小农经济大相径庭；从文化环境方面来看，现行的婚姻制度符合我国男女自由平等的思想，与旧社会儒家文化的男本位思想背道而驰。

古代婚姻制度的沿革是现代婚姻制度形成的基础。历朝婚姻制度的演变展现各个时代风格迥异的婚俗文化，对我国不断完善婚姻立法和促进社会主义现代化发展有所助益[1]。现行婚姻家庭形式，以婚姻自由、个性解放为基础，以社会经济进步为前提，以政治制度为保障，具有思想文化的先进性，符合人民群众的合理需求。因此，应立足我国基本国情，借鉴我国传统婚姻的优势和国外婚姻家庭教育的先进经验，建立中国特色的婚姻家庭咨询领域的行业组织，适时修改婚姻法的不合理之处，同时完善相关制度措施，保障不同群体的合法权益和地位，为实现中华民族伟大复兴营造和谐的社会家庭环境。

第四节　当代中国婚姻家庭现状和问题

现行婚姻家庭制度崇尚婚姻自由、男女平等，摆脱封建传统思想束缚，提高人们自由平等追求婚姻幸福的权力，具有时代进步意义。

随着改革开放社会主义市场经济的不断推进，我国婚姻家庭也正处在关键转型期间。一方面，是传统守旧的封建思想如重男轻女、门当户对等依旧存在；另一方面，是西方外来文化如AA制婚姻、丁克家庭、性解放等不断冲击。受这两个方面因素的影响，形成了新变革下具有中国特色的婚姻家庭现状和问题。

一、中华人民共和国成立以后《婚姻法》逐步科学进步规范化

中华人民共和国的婚姻家庭法律制度主要由四个阶段构成。

---

[1] 余威龙.我国古代婚姻制度沿革及其对现代婚姻制度的启示[J].开封教育学院学报，2019，39（7）：9-12.

第一阶段是中华人民共和国成立初期《婚姻法》的制定。1950年，中华人民共和国宣布废除旧制度和旧社会的婚姻传统，在民主思想下建立了《中华人民共和国婚姻法》。该《婚姻法》从国家意志的角度确立了婚姻关系中妇女的地位，标志着婚姻和家庭制度完全重建的开始。

第二阶段是改革开放后《婚姻法》的制定。1980年的《中华人民共和国婚姻法》有了一定的创新，该法废除了"男尊女卑"和禁止"纳妾"等内容，表明这些现象现在可以全部按照道德调整，不需要依法强制执行。这是对女性权利的再次认定。

第三阶段是2000年后多次《婚姻法》的修改和解释。2001年的《婚姻法》修正案以法律修正的形式延续了1980年的《婚姻法》的体系、结构和内容。对后来《婚姻法》的三种解释只是为了完善某些条款的内涵和外延，并没有从根本上修改和完善这一法律。

第四阶段是2021年施行的《民法典·婚姻家庭编》。通过整合现有《婚姻法》法律，《民法典·婚姻家庭编》与前面"三部《婚姻法》"之间具有明显的沿袭性。作为婚姻家庭法律规范的载体，以完善婚姻家庭制度、科学立法、规范婚姻家庭适用界限、婚姻家庭前瞻理念作为基础与归宿。现代社会提倡男女平等。在这个前提下，婚姻和家庭生活内容发生了巨大变化，生育不再是婚姻的主要内容，对社会的意义也不再是固定财产而是使社会更加和谐；对于个人而言，婚姻的重要意义就在于感情的体验与性的体验。

二、当代中国婚姻家庭现状

1.女性地位权益提高

《中国妇女发展纲要（2011—2020年）》报告显示，随着改革开放经济发展，我国女性受教育程度、社会地位和工作机遇都显著提高，新时代女性意识增强，在婚姻家庭生活、工作和社会中的获得感、幸福感、安全感显著增强。农村女性因受教育和婚嫁，大量进入城镇，城市中女性职业化发展，追求精神与物质并重，独立自主性增强，在家庭婚姻中的话语权增强。但研究表明妇女发展的不平衡不充分问题仍较突出，不同地域重男轻女、家暴和妇女权益受侵害的情况时有发生，妇女权益保障工作仍需进一步加强。

2. 家庭教育受重视

改革开放以来，随着独生子女家庭增多，我国家庭教育受到普遍关注。年轻父母们开始重视从胎教、幼教到小学阶段家教的各种知识。各种家长学校的开办、各类家教图书报刊的出版，极大地提高了家庭教育的水平。针对近十年学校课业负担重，补习班花式繁多的现象，国家出台教育减负政策，并同时立法加强家庭教育。2021年第十三届全国人民代表大会通过《中华人民共和国家庭教育促进法》，引导全社会注重家庭、家教、家风，敦促父母为促进未成年人全面健康成长，对其实施的道德品质、身体素质、生活技能、文化修养、行为习惯等方面的培育、引导和影响。家庭教育和学校教育就像孩子腾飞的双翼，缺一不可。我国通过立法的形式，让家庭教育受到更广泛的重视。

3. 家庭户类型多样化

传统中国家庭规模为四世同堂、三代同居的大家庭。现在随着居住模式变化，现代家庭类型逐渐小型化、结构简化，以父母孩子两代为主的主干家庭和核心家庭越来越成为主流的模式。同时非传统类型的家庭大量涌现，纯老家庭、空巢家庭、丁克家庭、大龄单身家庭、单亲家庭等"一代户"占比逐渐增加，未来大有发展成主流家庭户型的趋势。单身家庭比重一直呈上升趋势，一方面与年轻人结婚年龄不断推迟有关，另一方面也和城市家庭住房改善状况相关，以及人口流动造成家庭分居情况相关。

4. 结婚率持续走低

2022年3月28日发布的《中国婚姻家庭报告2022版》显示，2021年结婚登记人数下降到763.6万对，连续八年下降。报告根据民政局公布数据分析，2021年全国结婚登记人数相比2013年峰值数据减少583万对，为1986年以来最低。而与出生人口更密切相关的初婚人数，从2013年的2 385.96万人峰值持续下降至2020年的1 228.6万人，下降幅度达48.5%。报告显示，2000—2020年全国结婚率数据呈"先升后降"趋势。2020年结婚率5.8‰，相比2013年最高点9.9‰下降了41.4%。与此同时，离婚率则从2000年的0.96‰上升至2020年的3.1‰，最高点2019年的3.40‰相比于最低点2002年的0.9‰，飙升近3倍[①]。

5. 初婚年龄大龄化

我国现在的法定婚龄为男22周岁，女20周岁。据不完全统计，2020年我国的实际平均结婚年龄为男性29.2岁、女性27.1岁。近年来，"剩男""剩女""不婚主义""一代户"等词频频出现在大众媒体中。改革开放后，我国出生性别比例失衡，婚姻市场中长期存在着男性过剩的现象，并日趋严重。有学者推测，中国在2013年之后每年的男性过剩人口在10%以上，2015—2045年间达到15%以上，平均每年大约有120万男性在婚姻市场上找不到初婚对象[②]。与此同时，发达地区和一二线城市中，很多拥有高学历、高收入的"剩女"现象显得更加突出[③]。社会性别角色分工变化、职场压力、交际圈过窄、"高不成，低不就"的错位心理等，这些都直接或间接地导致了现代青年的婚姻困境。这是社会、家庭和青年的共同问题，需要国家促进婚姻家庭咨询行业培养专业人才，为大龄青年进行专业而全面的爱情婚姻指导。

6. 择偶观念多元化

我国改革开放后，尤其最近二十年步入物质充裕的年代，青年择偶观和婚恋

[①] 梁建章，任泽平.中国婚姻家庭报告2022版［EB/OA］.育娲人口研究机构，2023-03-28..
[②] 金硕，赵莉，江戊康.农村"剩男"现象成因及对策研究［J］.农村经济与科技，2022，33（1）：229-231.
[③] 申霞英."剩女"现象的社会学研究［J］.科学咨询（科技·管理），2021（2）：99-100.

观呈现多元化。现代青年婚恋自主性强，同居不婚、试婚、隐婚、闪婚、闪离现象逐渐增加。崇尚物质生活的择偶价值观，如"拜金""傍大款"等日益壮大，并衍生出来消费颜值如"小鲜肉""白幼瘦"等择偶观。同时冲击人们传统观念的"同性恋""双性恋"现象不断涌现。对婚恋不感兴趣、甚至恐惧的婚恋"躺平"现象，或由父母做主操办的婚恋妈宝屡见不鲜。所有这些婚恋观的偏差导致单身主义、个人主义和物质化倾向明显，青年迟迟不愿踏入婚恋，同时婚姻的寿命缩短，生育意愿变小[①]。显然，应对解决青年婚恋难的问题，需要国家和基层社会共同努力，通过发展婚恋咨询和婚姻教育为青年择偶婚恋观念进行专业指导。

7. 婚姻观念开放化

近年来伴随着经济的迅猛发展，人们的婚姻观念愈发开放。一方面，打破传统思想对婚姻家庭的束缚，自主意识增强，男女平等观念深入人心，勇于追求个人幸福；另一方面，伴随着社会生活多元化，地域流动性增加，人们思想观念开放化，异地婚姻、两地分居、临时夫妻等现象大量出现。这种实质上的一夫多妻式或一妻多夫式的婚外性行为容易影响夫妻感情、降低婚姻质量，对子女的身心健康造成伤害，而且有传播传染性生殖疾病的风险。中国现代婚姻观念开放化，受西方国家20世纪中后期社会变革思潮影响。针对大量婚姻破裂现状，欧美国家大力发展婚姻家庭咨询教育，通过专业指导有效预防干预婚姻危机，相关经验值得我们学习。

8. 离婚率不断上升

21世纪以来，我国的离婚率一路攀升。在2002—2019年，离婚率从2.7%上升到3.2%，离婚对数从363.7万对上升到446.1万对。虽然我国婚姻稳定性在近年来有所下降，但与西方国家相比，离婚在我国仍然不是很普遍的现象，我国居民的离婚

[①] 叶文振.新时代婚恋观：一个"三三式"的思考[N].中国妇女报，2021-10-11（5）.

风险短期内也不会有大幅度的增加[①]。近年中国离婚率逐年上升主要有两个方面的原因：一是女性越来越独立，不论是经济还是人格；二是精神层面快餐化，尤其在北上广深等一线大城市，随着经济发展人口流动的规模较大，人口的异质性、文化的多元性更强，人们的观念更为开放，为婚姻市场提供了更多的选择，同时降低了对婚姻的搜寻成本，对于离婚更易于接受并持宽容的态度。

婚姻的维系不仅出于个人对于自身幸福的考虑，更多涉及子女的生育和培养。如何面对离婚困境，维持婚姻较高的稳定性和幸福度，是我国婚姻咨询行业发展的重要方向。

三、当代中国婚姻状况衍生的问题

1. 婚姻脆弱性打击家庭功能

婚姻承担了家庭义务和安老怀少的功能，婚姻的脆弱性打击家庭功能。新变革下，结婚率降低和离婚率上升会降低婚内生育率，进一步恶化生育少子化情形，形成结婚率下降——晚婚率上升——生育率低迷的恶性循环。婚姻不仅是夫妻双方的事，还会殃及家庭和孩子。婚姻解体关乎亲情问题和责任伦理，无法实现生养教育、养老照料和情感支持的功能。

2. 婚姻挤压性破坏社会和谐

性别生态失衡和男性婚姻挤压不利于社会和谐。一方面，长期严峻的婚姻挤压问题将使部分未婚男性游离于正常婚姻家庭生活之外，降低其生命质量，还可能引发"买卖婚姻"、性犯罪和增加地下色情产业风险，对社会正常的秩序和运行产生冲击[②]。另一方面，为应对过剩男性婚姻挤压问题，部分未婚男性必然选择扩大婚龄差的择偶策略。然而，不适当的婚配年龄差也可能导致年龄代沟和家庭矛

[①] 於嘉，赵晓航，谢宇.当代中国婚姻的形成与解体：趋势与国际比较[J].人口研究，2020，44（5）：3-18.
[②] 杨雪燕，罗丞，马克斯·费尔德曼.婚姻挤压对农村男性生命质量的影响[J].人口学刊，2017，39（1）：28-37.

盾，从而侵蚀家庭的幸福感和婚姻的稳定性[①]。

3. 婚姻自我性削弱婚姻伦理约束

当代以独生子女为主的"双独婚姻"和"单独婚姻"上升成为中国婚姻的主流模式。由于独生子女在婚姻中强调"自由"与"权利"的婚姻自我性，婚后对夫妻关系的伦理要求和家庭责任选择性地懈怠，易滋长新时期的婚姻家庭伦理道德的风险。家长在婚姻关系中的权威劝说功能开始消退，社会外部的伦理约束力量也在减弱，然而当代青年自身约束力不强，内外因素相互叠加容易导致骗婚、出轨以及将婚姻当作儿戏的现象，如"想结就结"和"说离就离"等。婚姻自我性削弱中国传统婚姻伦理道德的约束。

4. 特殊婚恋文化侵蚀婚姻观念

当代中国婚姻文化是多维的，其中择偶的物欲化倾向和非主流的婚姻文化逐渐兴起，这两大趋势值得我们高度关注。择偶的物欲化倾向（比如拜金、傍大款、包养），注重审美的愉悦、感官的享受、肉体的亲昵和物质的丰裕，与婚姻持久结合的情感需求和伦理追求相背离，从而侵蚀婚姻制度的价值内核与精神实质；非主流的婚姻文化（比如单身、不婚主义、丁克主义、同性恋）在不同程度侵蚀婚姻观念，打破传统结婚生子的婚姻家庭模式，可能引发社会"恐婚恐育"，破坏主流婚姻制度。特殊婚恋文化需要国家和社会共同关注，发展专业的婚姻家庭咨询指导是大势所趋。

在传统社会，女性没有社会角色也不工作，在生理上和社会地位上都处于弱势，必须借助婚姻生育后代，依附于男性才能获得充足的生活资料。因此，我国传统社会历代婚姻家庭法规中男性父权占主导，女性作为附属权益被弱化，婚姻制度是一种合伙协议，男性负责主导家庭配偶孩子权力，女性依附于男性拥有社

[①] 张新辉，李建新.婚配年龄模式对个人主观福利的影响[J].人口与社会，2019，35（2）：82-99.

会资源和生产资料。但是，这种基于社会背景所产生的依附与被依附的关系在当今社会中已经几乎不存在了。随着女性经济、社会地位的提高，女性获取社会资源和生产资料不再依赖于男性。越来越多的女性可以养活自己，甚至赡养双亲和孩子。婚姻这种合伙协议不再是女性获取利益的唯一手段，因此有越来越多的女性选择不结婚或者离婚自主生活。

鉴于我国社会转型期间特殊的婚姻家庭现状和问题，亟待发展具有中国特色的婚姻家庭咨询职业教育认证的"婚姻家庭咨询师"。了解中国婚姻家庭形式的历史演变和现状，借鉴西方婚姻家庭教育经验，大力发展中国特色的婚姻家庭教育具有重要意义。让婚姻家庭咨询走上专业化道路，是解决当代中国婚姻家庭面临复杂问题的重要举措。

第三章
家庭与社会的关系

第一节 家庭的社会学功能

家庭是建立在婚姻基础上的社会单元,探讨家庭首先就要说到婚姻。那么,什么是婚姻呢?法律出版社1995年出版的《婚姻家庭法教程》中对婚姻的定义是:"婚姻是男女双方以永久共同生活为目的,依法自愿缔结的具有权利义务关系内容的两性结合。"南京大学出版社1985年出版的《婚姻法学教程》中对婚姻的定义是:"婚姻是人与人之间的一种特殊社会关系,是以感情为基础的两性关系,婚姻是男女两性在爱情基础上的合法的自然结合。"尽管各种不同的专业法典对婚姻的定义都不尽相同,但不可否认的是都认为婚姻是为社会制度所确认的男女两性结合的社会形式或夫妻关系。

那么,家庭的定义呢?学者邓伟志等的系列研究认为,家庭是一种社会生活组织形式,这种组织形式是以婚姻关系为基础的,是为一定的社会条件下的法律和道德观念所承认的两性的结合[1]。百度词条显示:家庭是一种以婚姻、血缘或收养等关系为基础而形成的社会生活单位。家庭有广义和狭义之分,狭义是指一夫一妻制构成的社会单元,广义的则泛指人类进化的不同阶段上的各种家庭利益集团,即家族。

---

[1] 邓伟志,刘达临.家庭社会学讲座 第一讲:人人都来关心家庭社会学[J].社会,1982(1):64-69.

一、家庭模式的演变

在中国历史发展的长河中,家庭的结构也发生了很多改变。首先,是家庭的组织形态上,经历了从群婚制到偶婚制,《吕氏春秋·恃君览》中说:"昔太古……其民聚生群居,知母不知父,无亲戚兄弟夫妻男女之别,无上下长幼之道。"《列子·汤问》篇中有"男女杂游,不媒不娉"之说。传统研究认为,这种原始社会的婚姻形式称为群婚制。随着时间的推移,在原始社会晚期出现了偶婚制,是一个男子与一个女子相对稳定的互为性伴侣的婚姻形式。偶婚制虽然具有相对稳定的性质,但并不是男女双方的牢固结合,在群婚制与偶婚制的家庭形态中,均以女子为中心。由偶婚制家庭发展为一夫一妻制家庭的动力是财产的私有和继承。在畜群发展并成为私有财富的同时,开始有了奴隶制度,生产资料私有和奴隶制度的出现给家庭注入了新的因素。丈夫比妻子更具有统治地位,丈夫拥有了劳动工具权,又是家畜和新的"劳动工具"——奴隶的所有者,而妻子只拥有家庭用具,丈夫的家庭地位发生了根本改变,自然而然地产生了男系世系和父系的继承权[1]。在此阶段,特权男性可以拥有多个女性,称为一夫一妻多妾制,此制度贯穿了封建社会的整个历程。1912年,《中华民国临时约法》中开始明文规定,在中国实行一夫一妻制,但直到中华人民共和国成立后,1950年5月1日,《中华人民共和国婚姻法》的颁行,才正式开启了中国历史上的一夫一妻制。

二、家庭结构的演变

传统意义上,按照家庭的规模来划分,主流的家庭结构有:

核心家庭:一父一母加未成年子女。

主干家庭:一对父母和一对已婚子女(可能包含其他亲属)。

扩大家庭:一对父母和多对已婚子女(可能包含其他亲属)。

---

[1] 邓伟志,徐榕.简论家庭的起源和演化[J].上海交通大学学报(哲学社会科学版),2004(2):20-25.

扩大家庭是中国人相当长历史时期的关于家庭的理想状态，就是"四世同堂""子孙满堂"等词语描述的状态。但随着时间的推演，主干家庭和核心家庭越来越成为主流模式。而且，随着社会经济的发展，家庭形态也有了越来越多的变化。

1. 空巢家庭和丁克家庭的增长

自改革开放以来，经济发展促使人口流动变快，为了谋求更好的机遇，年轻人选择外出工作、求学并在异地组建自己的小家庭，使原来的核心家庭中只剩下一对老夫妻，成为空巢家庭。全国第六次人口普查数据显示在空巢家庭中，60岁及以上人口占13.26%，其中65岁及以上人口占8.87%，同2000年"五普"数据相比，两项比重分别上升了2.93%和1.91%。

2. 单亲家庭数量的增长

单亲家庭是指由父亲或母亲一方与子女组成的生活联合体。根据《中国统计年鉴2000》的统计数据显示：1980年全国离婚率仅为0.7‰，1990年变为1.4‰，到1997年已达到1.9‰。中国家庭的离婚率自实行改革开放以来呈逐年递增态势。据民政部2004年公布的数据显示，截至2003年年底，全国共有133万对夫妇离婚，粗离婚率为2.1‰（粗离婚率指年度离婚数与总人口之比），上海、北京、深圳等大城市2005年的粗离婚率已超过2.23‰，接近或达到日本、韩国的统计数据。通过对"五普""六普"中数据资料的计算，我国的粗离婚率十年间从2.39‰上升到了3.62‰。离婚率的上涨必然导致单亲家庭的增多，据中国统计局不完全统计，目前全国单亲家庭数已经超过800万，且正以每年2.3%左右的速度继续在增长。2019年全国共有470万对夫妻离婚，2020年有373万对。

3. 单人家庭不容小觑

婚姻和家庭观念的开放，唤醒了年轻一代崇尚和追求自由独立的意识，使得家庭结构中单人家庭的比例呈现逐年上升的趋势，沿海经济发达地区尤甚。

当今社会是凸显自我、张扬个性的时代，由于人们在生活方式的选择上更强调自主性和差异性，家庭结构因此也呈现出多元态势。在东部沿海经济发达地区，核心家庭的比重开始呈现出下降趋势，其他诸如未婚同居的试婚家庭、分居两地的周末家庭模式俨然成为家庭结构中不容忽视的部分。就整体而言，中国传统社会的大家庭模式已逐渐被核心家庭所替代，不再成为主流。到2021年公布的"七普"数据显示，家庭户规模继续缩小，平均每个家庭户的人口从2010年的3.10人减少到2020年的2.62人。这些模式和结构的演变都提示我们当今社会人们意识形态和认知模式在发生着显著的变化，我们在做婚姻家庭咨询工作的过程中也一定要把这种变化充分考虑到，同时，要努力迭代自己的认知，跟上社会变化的脚步，才能具备做好这方面工作的基本条件。

三、家庭与社会的关系

家庭作为社会构成的核心之一，直接或间接地投射出人类历史和社会发展的基本轨迹。中国自古以来就有"集人成家，集家成国"的说法，这种"家国同构"的传统逻辑使家庭在中国不只是生产生活的经济单元，还是秩序单元、教化单元和福利单元。社会学的学者们已经注意到，改革开放40多年来，家庭问题成为具有普遍性的社会问题之一。在探讨中国社会问题的解决之道中，家庭是难以绕过去的。家庭具备典型的社会属性，所以婚姻家庭的和谐就显得尤为重要，事关民生幸福和社会稳定。

2020年9月，民政部、全国妇联联合印发了《关于加强新时代婚姻家庭辅导教育工作的指导意见》（以下简称《意见》）。《意见》指出，要以习近平新时代中国特色社会主义思想为指导，全面贯彻党的十九大和十九届二中、三中、四中全会精神，以社会主义核心价值观为引领，以传承中华优秀婚姻家庭文化为重点，以创新服务供给方式为途径，发挥家庭家教家风的重要作用，不断加强和改进婚姻家庭辅导教育工作，有效提高群众营造幸福婚姻、建设美满家庭的能力，引导建立和维护平等、和睦、文明的婚姻家庭关系。

诚如《意见》所言，婚姻家庭问题至关重要，处理得好，家庭和睦，夫妻团结，孩子健康、诸事顺畅。处理不好，夫妻关系一塌糊涂、天天吵闹打架，家庭氛围凝重，孩子易生病。一个拥有良好家庭关系的个体，在工作岗位上胜任度更好，效率也更高。而长期处于不良家庭关系中的个体，学习能力、工作能力都会受到不同程度的影响，严重的还容易引起焦虑、抑郁等心理问题，更甚者还有可能诱发极端行为。所以，充分地认识到搞好婚姻家庭的重要性是当代人必须面对的功课。

同时，婚姻家庭的重要性还体现在对下一代的影响上。一个家庭的人生态度、处理问题的方式方法、整体的精神风貌会在潜移默化中代际相传。一门好的家风胜过无数名校。对于一个家庭而言，越是理解婚姻家庭重要性的父母越会重视自己的言传身教，心态、意志、教养、价值观、生活习惯，等等，都是传给孩子的无形财富。

第二节　当代家庭的现状研究

一、家庭中女性受教育与就业的变化

在中国古代，由于封建的政治制度和思想文化，重男轻女的思想根深蒂固。古代中国女性地位低下，女性教养的主流思想是"女子无才便是德"，直接扼杀了女性受教育的权利。直到鸦片战争之后，中西方文明的碰撞，中国近代女子教育才开始萌芽，维新变法、五四运动等新民主主义活动大大推动了中国近代女子教育的发展，当代女性受教育程度大大提高。2021年9月，国务院新闻办公室举行新闻发布会介绍了《中国妇女发展纲要（2021—2030年）》和《中国儿童发展纲要（2021—2030年）》，根据全国第七次人口普查结果，目前我国女性人口超过6.88亿人，0~17周岁人口约为2.98亿人，两类合计占总人口数的三分之二。会议介绍，妇女参与经济社会发展的能力和贡献率明显提升，全社会就业人口中

女性占比超过四成；妇女受教育程度不断提高，男女受教育差距进一步缩小；妇女参与决策和管理的途径更加多元，在社会生活和家庭生活中的独特作用进一步彰显。

传统的女性在经营婚姻家庭过程中的态度和能力至关重要，她们在家庭中所扮演的角色——母亲、妻子、媳妇、女儿，都是家庭中的重要部分和支柱，是家庭的管理者、教育者，注定了女性在家庭中有着举足轻重的作用。随着女性受教育程度的提高，其是否具有广博的科学知识、丰富的文化底蕴、良好的道德素养、强烈的自我发展意识和现代的教育理念，正在深刻地影响着新时代的家庭建设。由于妇女受教育程度提高，参与就业比例提高，在此形势下，也导致了家庭中两性分工的变化。家庭分工的变化又产生了具有历史阶段性特色的、多样化的家庭形式，进一步也产生了两性家庭地位的变化，两性对家庭幸福度、生活满意度等系列感受也发生了不同以往的变化。

二、家庭形式的多样化

近几十年，随着时代的变迁和两性就业的增加，家庭形式也产生了越来越丰富的变化。比如，随着整体社会风气的日益开放和自由，个人自我意识开始觉醒，年轻人越来越崇尚个体的价值和权利，婚姻中的亲密关系也变得越来越重要，如果不能在婚姻中感受到幸福和快乐，很多人倾向于选择离婚以另觅伴侣重组家庭。另一方面，在社会风气越来越开放的同时，社会伦理道德对婚姻的约束力日益弱化，道德底线不断下滑，各种诱惑性的力量却越来越强大，婚内"出轨"现象的泛滥，严重冲击了人们的婚姻价值观和家庭责任感。

随着进城务工农民数量的增加，近些年出现大量的半流动农民工家庭。半流动农民工家庭是指农民工家庭夫妻中的一方长期外出打工，另一方留守在家，双方长期处于聚少离多状态。在这一模式下，夫妻双方长时间两地分居，无法进行正常的心理沟通和情感交流，给夫妻双方的精神带来了影响，彼此产生疏离感和陌生感，导致感情出现危机，婚姻和家庭的稳定性受到影响。

由于社会流动性的增加，也出现了越来越多的留守家庭。留守家庭是指青年（父母）都在外打工，仅留下孩子和老人的家庭。留守家庭中的主要问题是夫妻双方长期不在一处导致的感情问题和留在家庭中的孩子的系列问题。留守家庭中不满十六周岁的未成年人称为留守儿童，留守儿童的身心健康问题和教育问题也是留守家庭中的重要问题。

随着改革开放之后国际经济互动的加强，跨国婚姻也成为一种有代表性的婚姻形式。跨国婚姻是指婚姻超越了国界以及不同国家的人之间所结成的婚姻关系。影响跨国婚姻质量的主要因素有语言沟通不占优势导致的适应性问题、由于地域差别和文化差异导致的价值取向分歧，等等。

有些夫妻是由于工作关系分散于城市与城市之间，或者一个城市的两地，只有在周末或者节假日才有机会见面，成为"5+2"模式的"周末夫妻"。"周末夫妻"让婚姻结构相对来说更松散，形式上和感受上有了更多自由的空间，但是"周末夫妻"的模式也更容易产生婚姻外感情的可能，同时，"周末夫妻"的另一个隐患是有可能影响亲子关系，对孩子的身心发展产生不利影响。

三、家庭地位的变化

近几十年，在家庭地位上，男性和女性也经历了一些史无前例的变化。

在传统的父权制家庭中，年龄和性别属性在家庭关系的维系中起到核心作用。长幼尊卑、男主女从是主导家庭关系的基本原则。在这样的社会文化背景下，家庭关系一般是专断式和不平等的。在亲子关系上，男性长辈家长往往拥有绝对的权威，能够支配家庭资源和其他家庭成员。在夫妻关系上，丈夫的家庭权利凌驾于妻子之上，妻子从属于丈夫，夫妻之间的权利不平等是一种常态，而且由于父权制的社会制度安排，亲子关系比夫妻关系在家庭中占据更加重要的地位。改革开放以来，尽管传统的父权制还在持续地产生影响，但家庭关系在很多方面已经在悄然发生变化[1]。原国家卫生和计划生育委员会发布的首个《中国家庭发展报告2014》指出，中国的家庭关系正在从传统走向现代民主平等的新型家庭关系，正在越来越多的家庭中确立[2]。

第三节 变化与影响

一、婚姻家庭的变化及原因

在传统中国社会中，早婚与普遍婚是婚姻行为的一大特征。受"家本位"观念影响，婚姻被视作一种基本的权利与义务，家庭与子嗣是人们生活的核心追求之一。然而，随着现代化的进程，婚姻的功能在社会的发展和变迁中不断发生调整，人们从婚姻中的收获也在逐渐发生着变化，婚姻这一重要家庭制度的地位也受到了挑战。研究发现，致使我国婚姻家庭发生变化的原因主要包括三个方面：第一，教育扩张与婚姻经济基础的变化。我国在20世纪末的高等教育扩张使得越来越多的群体接受了大学教育。根据最新数据显示，在"90后"群体中，接受过大学教育的比例已经超过半数。考虑到在校身份与丈夫/妻子角色的不兼容，受过高等教育的年轻一代往往推迟进入婚姻的时间。此外，市场化与经济发展使得人们对婚姻的经济基础也有着比以往更高的要求，很多人选择积累了一定经济资源后再进入婚姻。第二，性别角色的平等化。在农业社会中，传统的性别分工使得女性的角色被局限在家庭以内，无法接受正规的教育，也难以获得经济独立。因此，女性往往需要借助婚姻获得经济支持以维持其生活。中华人民共和国成立以后，女性大量进入劳动力市场，在收入、职业晋升等方面与男性不断缩小差距，

---

[1] 林晓珊.改革开放四十年来的中国家庭变迁：轨迹、逻辑与趋势[J].妇女研究论丛，2018（5）：52-69.
[2] 国家卫生健康委员会.解读《中国家庭发展报告2014》[EB/OL]．[2014-05-14] http://www.nhfpc.gov.cn/jtfzs/s7873/201405/e11bde88c6e1497a9f9653ce5e1a9e50.shtml.

这使得职业女性从婚姻中获得的价值逐渐降低，婚姻不再成为其生存的必需品，晚婚与不婚都由此出现。虽然男女在教育与经济地位上不断接近，但我国女性仍然存在"向上婚"的偏好，即寻找比自己社会经济地位更高的男性作为配偶，这造成了一部分受过较高教育、具有良好经济条件的女性和一部分教育程度较低、经济条件较差的男性在婚姻市场上无法寻找到合适的对象，成了主动或被动不婚的群体。第三，观念的变迁。改革开放带来物质资源的丰富，人们的需求也从生理和安全提升到自我实现层面。年轻一代往往更关注自己的利益，其行为更少地受限于家庭与社会的传统规范，促进了个体主义的兴起。这使得人们对一些非传统家庭行为的接受度逐渐增加，而同居也变得更为普遍。这样一来，婚姻不再是两性共同生活的唯一形式，这也是造成我国居民初次性行为年龄不断提前，但初婚年龄却持续推迟的重要原因之一。

二、变化带来的社会影响

婚姻家庭的新变化也带来了很多的社会影响，一个是大龄未婚的现象，据统计数据显示，我国适龄青年结婚年龄不断推迟，初婚人数下降。随着相关法律政策的变化，人们观念的变化，我国的初婚年龄也在不断发生调整。20世纪80年代至90年代初，初婚年龄一直在渐进增加。1982年，全国的平均初婚年龄为22.66岁，其中城镇为24.93岁，农村为22.07岁；1996年，全国平均初婚年龄为24.02岁。2015年，中国妇联发起的《中国幸福婚姻家庭调查报告》显示，全国平均结婚年龄为26岁，男性比女性高2.3岁。根据学者郭显超的研究，从2000年到2010年，男女平均预期未婚年限（指从15岁到结婚的预期单身年限）都出现了明显的增长，男性由10.88年增长到12.23年，女性由7.99年增长到9.65年。这表明男女初婚年龄都有所推迟，而且女性推迟的比男性更为明显。与2000年相比，2010年男性29岁之前的初婚概率明显降低，而女性则表现为各年龄的初婚概率均有所下降，男性终身不婚比例从2000年的3.53%上升到2010年的4.73%，而女性则由0.07%

上升到1.04%。根据未婚尚存人数计算2020年和2030年15~49岁年龄段的分性别人口数，发现各年龄组男性未婚人口数均明显多于女性。并且随着年龄增大同龄性别比明显提高，这表明各年龄段都存在明显的婚姻挤压，特别是高龄阶段男性过剩特征明显。与2020年相比，2030年时15~24岁年龄段同岁组男女未婚人口数之差均有明显扩大，表明从2020—2030年间，新进入适婚年龄的群体面临的婚姻挤压更为严重。《中国统计年鉴2021》显示，2020年结婚登记人数共计814.33万对，较2019年减少了113万对，这是自2013年达到1 346.93万对后连续第7年下降，也是自2003年以来近17年的新低。

伴随农村适龄群体的"找不到结婚对象"的婚姻挤压现象，城镇适龄青年的独身浪潮也成为不可忽视的社会现象。"90后"的很多适婚青年男女自愿晚婚或者不婚，渐渐形成一种思潮：结婚太麻烦，结婚会降低生活品质，一个人过挺好的，等等。这样的群体渐渐形成了都市里的"单身贵族"，这个群体通常有较高的经济收入和社会地位，为了有更多的时间和精力享受生活、投入学习和工作，不愿为生活所累，为家庭捆绑。这正在成为当代城市白领青年的一种生活风尚。

而在已婚的家庭关系中，由于新时期面临的新形势，产生的新问题，各种新的婚姻家庭问题正在显著上升。比如家务矛盾、家庭教育的分工、婆媳关系、家暴、性生活不和谐、外遇等问题使很多家庭的和谐度不高、幸福感缺失、家庭气氛紧张，婚姻关系脆弱。由于没有及时地沟通和处理，又没有有效的社会力量进行指导和干预，相当数量的这种家庭是在病态中勉强支撑，而在这样的家庭中生活的每一个个体，身心状态都受到了不同程度的影响，在工作、学习中都无法呈现良好的状态。在这个群体中，有些家庭成员由于长期价值观缺失或者长期的情志不畅导致产生严重的心理问题，在某些意外事件的触发下容易产生极端行为，造成不良的社会影响。近些年来，媒体上经常可见类似的报道，一些暴力手段极其残忍，已经影响到社会的安定团结。婚姻家庭问题背后的心理因素是非常有必要引起整个社会群体的关注和重视的，这些心理问题疏解不及时，就会产生不良的行为隐患，有可能引发重大的社会事件。

在关注婚姻家庭中的个体心理之外，还需要留意整体形势下形成的某些社会群体的心理问题，我们以留守家庭中产生的"留守儿童"的心理问题为例，由于"留守儿童"长期生活在特殊的环境中，缺乏父母直接的关爱与呵护，久而久之，会产生一系列的心理问题。有关调查显示，65.9%的老师认为父母外出打工的孩子在心理上存在较大的问题。比较突出的是性格柔弱内向、自卑孤僻，容易产生焦虑、烦躁、悲观、疑虑等消极情绪，同时其在情绪、性格上的心理问题直接影响到人际关系的敏感，缺乏自信，从而为这个群体成年后走向社会带来很多的社会适应性的隐患。这些问题都是在婚姻家庭指导工作中必须要认真思考和切实干预的社会问题。

第四节　可以采取的措施

在现代社会，家庭的稳定是国家与社会稳定与发展的坚实基础。联合国在《世界人权宣言》中强调，"家庭是社会组成的最基本和最自然的单元，各国政府都要保护家庭"。2004年，联合国在"国际家庭年"十周年之际提出，"健康稳定的家庭架构是人类福祉的基础"，并呼吁"各国政府应把帮助解决家庭问题和让家庭发挥作用纳入国家发展大纲"。2020年9月，民政部、全国妇联联合印发的《关于加强新时代婚姻家庭辅导教育工作的指导意见》中强调，探索开展婚前辅导，开发婚前辅导课程，帮助当事人做好进入婚姻状态的准备，努力从源头上减少婚姻家庭纠纷的产生。要加强组织领导，构建社会多方协同推进的工作机制，广泛动员社会各方面力量，凝聚推进新时代婚姻家庭辅导教育工作合力。要统筹考虑群众基本服务需求和多样化服务需要，通过公益创投、政策扶持、经费补贴、政府购买服务等途径引导相关社会组织、基层群众性自治组织和专业人才发挥积极作用。坚持改革创新，发扬基层和群众的首创精神，推动顶层设计和基层探索有机结合，建立健全长效机制，以制度建设带动整体水平的提升。

婚姻家庭指导工作一定会成为相当长一段时期的重要工作，这提示我们，相关的学者、心理工作者和社会工作者必须把工作的重心调整到适应这样的号召和社会需求上来，发展和提炼真正解决婚姻家庭问题的实际理论和技术。

一、可能的研究领域

要解决实际的婚姻家庭问题，基础的家庭社会学学术研究必不可少。婚姻家庭指导工作涉及的家庭社会学主要的基础研究领域包括以下几个分支。

1. 家庭结构学

专门研究家庭结构的学问称为家庭结构学。正像细胞是由细胞核和细胞质构成的一样，作为社会细胞的家庭也有自己的"细胞核"和"细胞质"。父母子女为"核"，由他们组成的家庭称核心家庭；叔伯舅姑为"质"，包括他们在内的家庭，称扩大家庭。家庭结构学的研究对婚姻家庭中不同成员的具体相处之道、彼此之间的幸福满意度等具有重要的指导意义。

2. 家庭功能学

专门研究家庭功能的学问称为家庭功能学。事物有结构，就必然有功能。不同的结构必然有不同的功能。家庭的功能是多方面的，从生产到消费、从经济到政治、从文化到宗教、从教育到娱乐，还有家庭所固有的繁衍后代的功能，在不同的社会条件下，这些功能有大有小，甚至具有完全不同的性质。家庭功能学应该对这许许多多功能分门别类地进行研究，使家庭充分发挥其功能，促进社会发展。

3. 家庭演化学

专门研究家庭演化的学问称为家庭演化学。家庭制度有其发生、发展的演化史，有其量变、质变的历史过程。演化有从过去到现在的演化，又有从现在向未来的演化。研究家庭演化学，可以更好地发现家庭婚姻演进的客观规律。

4.家庭学说史

对家庭社会学进行研究的学科就是家庭学说史。家庭结构学和家庭功能学是对家庭的横断面进行研究；家庭演化学和家庭学说史是对家庭的纵断面进行研究。四个分支结合起来，就构成了婚姻家庭相关的家庭社会学的立体化研究体系。

二、加强家庭婚姻指导的多样化培训

2020年9月，民政部、全国妇联联合印发的《关于加强新时代婚姻家庭辅导教育工作的指导意见》（以下简称《意见》）指出，探索将颁证仪式引入结婚登记流程并实现颁证常态化，通过引导婚姻当事人宣读结婚誓言、领取结婚证，在庄重神圣的仪式中宣告婚姻缔结，让当事人感悟铭记婚姻家庭蕴含的责任担当。深化婚姻家庭关系调适和离婚辅导，探索离婚冷静期内对当事人开展婚姻危机干预的有效方法和措施。要宣传弘扬中华优秀传统婚姻家庭文化，充分发挥其蕴含的人文精神、道德规范和社会教化功能。推广体现优秀中华文化的传统婚礼，组织举办集体婚礼，倡导健康文明、简约适度的婚俗文化。要注重家庭家教家风建设，推动社会主义核心价值观在家庭落地生根，引导广大家庭培养爱国爱家的家国情怀，建设相亲相爱的家庭关系，培育向上向善的家庭美德，体现共建共享的家庭追求，以家庭和谐促进社会和谐。

按照《意见》指出的方向，婚姻家庭咨询工作可以广开思路，联合家庭教育指导工作系统推出覆盖从幼儿教育、青少年心理教育、性教育、大学生婚恋择偶教育、婚前婚姻家庭辅导、婚后婚姻家庭辅导、中年人心理成长、老年人心理关爱等涉及全生命周期的多样化培训，为当代婚姻家庭问题提供矩阵式的解决方案。同时，从事婚姻家庭咨询工作的人员也应该广纳社会各界力量，包括但不限于专业的心理咨询师、可以从事婚姻家庭辅导工作的相关教育人员、情感倾听师、情感疗愈师、情感训练师等相关的专业技能型人员，可以在各自的领域中，借助多种媒介为工具，积极宣扬中华文明的优秀传统婚恋观、家庭观、教育观，让传统的优秀美德和家风家教在新时期产生新动力，形成新风尚，以实际行动辅导好每个家庭，以行业规范星火燎原，真正幸福千千万万人，助力中华民族实现伟大复兴的中国梦。

三、婚姻家庭咨询师队伍建设和工作方法

要不断加强婚姻家庭指导工作的宣传，号召更多的人主动加入婚姻家庭咨询师的社会工作人才队伍中来。从事婚姻家庭咨询工作的社会工作人员要不断加强理论学习，熟悉婚姻家庭的相关政策，通过婚姻家庭咨询师职业培训证书，不断提高自身的专业素质和能力。婚姻家庭咨询师要了解当代婚姻家庭现状，运用专业技能和方法帮助处于婚姻家庭困境中的人摆脱困境，理顺婚姻家庭关系中的症结，帮助求助者走出婚姻困境，过上幸福生活。

具体而言，婚姻家庭咨询师可以采取的工作方法有以下几种。

1. 个案工作法

个案工作法是指婚姻家庭咨询师在专业价值观指导下，运用专业工作方法、理念、技术，以一对一的方式对出现婚姻家庭问题的求助者提供心理方面的支持与服务，帮助求助者梳理问题、提供解决方案，进行心理疏导，提高婚姻质量。不断提高求助者的婚姻生活质量和婚姻满意度。

对出现严重问题的求助者，要及时进行危机介入，运用专业能力处理求助者的伤痛情绪，必要时可寻求相关社会组织的帮助，解决家庭婚姻中迫切需要解决的问题。针对婚姻关系完全破裂的求助者，婚姻家庭咨询师可提供基础的法律知识，必要时帮助求助者联系相关的法律援助。

2. 团体工作法

团体工作法指将多个面临相似问题，有共同需求的成员集中起来成立小组，通过小组活动、学习、经验分享等促进小组成员相互学习经验、克服困难、解决问题，实现小组成员共同成长的社会工作方法。可以开展有关夫妻关系、家庭教

育等内容的培训，帮助小组成员学习新知识，促使成员改变其原来对婚姻问题的错误看法及解决方式，实现小组成员共同成长。

3.联合工作法

可以在政府统一部署、相关社会力量共同协助下逐渐形成联合型的婚姻家庭问题解决整体性框架和服务系统，构建一个由婚姻家庭咨询师、社区居民以及志愿者共同构成的联合型支持网络，以解决更大范围内求助者的婚姻家庭问题。

第四章
家庭中两性关系的发展与变化

第一节 历史上家庭中两性关系的演变

中国传统观念中，一直都很强调夫妻关系。《易传·序卦》说，"有天地然后有万物，有万物然后有男女，有男女然后有夫妇，有夫妇然后有父子，有父子然后有君臣，有君臣然后有上下，有上下然后礼仪有错。"将夫妇列为人伦关系之首，此后才是其他伦理关系，最终形成礼制。可见，夫妻关系是中国古代社会各种伦理秩序建立的基石。在礼教中，最重要的夫妻关系定位是：夫尊妻卑、夫主妻从。柔顺、谦卑、服从是妻子最重要的美德。而在传统的礼教观念中，夫妻之间的相处也是有要求的，其一丈夫要敬妻，"妻也者，亲之主也，敢不敬与"？其二，夫妻齐体。"妻者，齐也，与夫齐体。"意思是对等、匹敌的关系；其三，妻应谏夫，"妻得谏夫者，夫妇一体，荣辱共之"。

礼制在发展的过程中，经历了漫长的变化过程，礼教虽然早在周、汉时代就已形成，但其重要的约束力量却是在社会发展的过程中逐渐强大起来的，其影响也是逐渐蔓延、深入到整个社会的。到宋儒理学产生并发展成为统治地位后，尤其南宋后到明清时代，礼教才真正成了严重迫害和禁锢妇女的元凶[①]。妇女在家庭中要遵守的重要规范成为"三从"，在家从父、既嫁从夫、夫死从子。这种"三从"的规范奠定了妇女在家庭中卑下、从属的地位。夫为妻纲，是夫妻关系的纲

---

① 高世瑜.中国古代妇女家庭地位刍议——从考察"三从"之道切入[J].妇女研究论丛.1996（3）：33-38.

要，与君为臣纲、父为子纲并列为"三纲"，且为"三纲"之首。在这样的背景下，传统的中国家庭系统中女性处于劣势的地位，也并不存在男女双方平等地解决婚姻关系的概念，换言之，女性没有主动离婚的权利，只有"休妻"和"弃妇"之说[①]。而再婚的女性往往被冠以侮辱性的称谓，遭到社会的歧视。在这样的社会背景下，家庭形成过程中，女性也无法自主地选择婚配对象与进入婚姻的时间，其价值只能体现在家庭内部。

第二节 当代中国家庭中两性关系的变化

一、婚姻现象上的变化

结婚晚。从国内不同省份来看，2020年平均结婚年龄，湖南为24.98岁，广东为30.8岁。从全球范围来看，我国男女初婚年龄中位数比日本与美国低约5岁，与英国、法国等欧洲国家的差距则更大。对我国早婚与普遍婚传统的冲击主要发生在"70后"及更年轻的出生队列中。然而，由于我国不同地区的现代化水平与性别平等程度存在较大差异，某些发展程度更高的地区可能家庭转型发生得更早。根据2010年人口普查数据的计算结果，北上广深地区出生于1980—1984年的男性与女性初婚年龄中位数分别为27.6岁与25.7岁，超过全国平均水平2岁以上。因此我们认为，随着我国城市化与经济发展的进一步推进，我国居民也将持续推迟进入婚姻的时间，未来可能会接近日韩与欧美等国家的水平。

生育率低。据国家统计局发布的数据，2020年我国育龄妇女总和生育率为1.3，处于较低生育水平，学界通常将总和生育率达到2.1定为正常的"人口更替"水平。而从历史和国际社会经验看，总和生育率1.5是一条"高度敏感警戒

---

① 陈鹏.中国婚姻史[M].北京：中华书局，1990：591-599.

线",一旦下滑到1.5以下,就有掉入"低生育率陷阱"的风险。从全球范围来看,东亚与南欧是全球生育率最低的地区,且均具有较强的家庭主义,从结婚年龄的数据来看,南欧低生育率的形成更多是由于女性推迟进入婚姻的时间,使她们即便有生育意愿也较难完成高胎次的生育[1]。日、韩两国生育率的下降更多受到养育文化的影响,即父母希望集中资源在有限的子女身上,即投资子女的教育以获得向上的代际流动,因此,低生育率更多是人们有意为之的结果。我国的初婚年龄与日、韩有一定差距,但养育文化非常接近,父母普遍对子女有较高教育期望并投入大量精力与资源培养子女[2],考虑到这种相似的社会背景,在我国初婚年龄与不婚率不断增长的情况下,需要警惕生育率在未来可能会降至与日、韩同样的水平。

婚姻稳定性下降。从各种社会现象来看,当代家庭的婚姻稳定性下降,表现在离婚率攀升、婚外情等社会现象的出现,也包括各种婚姻形态的出现,如外出务工人员的长期两地分居、半移民家庭的跨国分居,周末夫妻,等等。即使在正常的婚姻形式中,因为经济压力、住房问题、教育问题、个人价值观的彰显和婚姻家庭中的各种显著需求形成的巨大冲突导致的各种婚内家庭矛盾也在显著增加,婚姻的稳定性、婚内的幸福感已经成为亟须关注的社会问题。

二、法律法规的变化

1950年,中华人民共和国第一部《中华人民共和国婚姻法》中首次明确了男女双方可以自愿离婚,给予女性提出离婚的权利。1950—1952年,法院便受理了近100万起离婚案件,其中大部分由女性提出。从2003年《婚姻登记条例》实施起,离婚不再需要出具所在单位提供的介绍信,这一简化的离婚登记手续给予了个人更大的婚姻自主权。伴随着法律法规的变化,其实是整个社会对个体宽容度

---

[1] ESTEVE A, DEVOLDER D, DOMINGO A. Childlessness in Spain: Tick Tock, Tick Tock, Tick Tock![J]. Perspectives Demogràfiques, 2016: 1.

[2] LIU A, LI W, XIE Y. Social Inequality in Child Educational Development in China. Chinese Journal of Sociology[J]. 2020 (6): 219-238.

的松绑和社会包容度的持续改善。但是，宽松的社会环境和相关政策也让部分情侣出现闪婚闪离等情况。为了预防及避免这种"头脑发热"造成的冲动型离婚，2021年起《中华人民共和国民法典》又规定了离婚冷静期的制度，民政部据此规定，对离婚登记程序做出了包括申请、受理、冷静期、审查、登记在内的调整。

三、价值观的变化

随着家族力量与传统家庭规范的衰弱，个体对于自己的婚姻行为有了更多的掌控权。人们开始越来越多地关注自己的需求与感受，在婚姻中是否能够获得快乐变得比以往更加重要。除此以外，观念的开放与婚恋方式的多元化使得社会规范对婚外性行为的约束力有所下降，多种互联网社交工具的出现也为建立婚外亲密关系提供了更多的便利性和可能性。

随着我国女性社会地位的提升，传统的家庭性别角色分工也在不断弱化，相当一部分女性成了家庭收入的重要贡献者。这些经济独立的女性，其婚姻观念的转变也尤为明显，比起获取经济支持和依附，在婚姻中她们更看重幸福度、支持度、和谐度等的要素，因此当其对婚姻不满时，也会更自主地选择离婚。同时，社会对再婚的宽容度也在不断增加，离婚后选择的多样化也使人们不必固守在一段婚姻内。

四、家庭地位的变化

从夫妻家庭权力角度来看，据1990年、2000年、2010年三期中国妇女社会地位调查报告显示，妇女对家庭地位"满意度"不断升高。2020年第四期中国妇女社会地位调查显示，近十年来，中国妇女社会地位发生了显著变化，人们对男女社会地位平等的认同达到前所未有的新高度。约97%的被访者认为目前我国男女两性的社会地位差不多。女性在经济社会发展中"半边天"力量进一步彰显，近七成女性处于在业状态，全社会就业人员中女性占比超过四成，女性就业结构进一步优化。女性积极参与民主政治建设和基层社会治理，年轻女性参与意愿更强。女性在家庭建设中发挥重要作用，承担着养老育幼、教育子女的主要责任；夫妻和睦、男女平等的良好家风受到尊崇，夫妻家庭地位更平等，共同商量成为家庭重大事务决策的主要模式。女性受教育水平明显提高，接受高等教育的女性比例超过男性。女性保健和就医行为更加积极，健康福祉进一步提升。公众法治意识和性别平等观念增强，八成左右被访者知晓妇女权益保障法、反家庭暴力法、婚姻法、继承法；94.1%的被访者认同"女人的能力不比男人差"[1]。

另一方面，尽管"夫妻平权"是一种趋势，仍然不能忽略的是其中还存在着较多的性别不平等现象，例如，在家务劳动时间方面，在过去二十多年里，虽然男性和女性的家务劳动时间都有较大的下降，但女性的家庭劳动时间仍然比男性要多出很多，这表明家务劳动分担意义上的性别平等尚未实现。

第三节 不同维度下婚姻的幸福感

婚姻是组成新家庭的开端，是通往人生新幸福的必经之路，美满的婚姻可以在很大程度上提升幸福感，带给人们港湾式的幸福。改革开放40多年来，我国经济发展已到达整体转型阶段，全面落实以人为本、着力保障和改善民生，持续提高国民幸福指数是发展的必由之路。以习近平同志为核心的党中央特别强调，要把"人民获得更多幸福感"作为衡量民生的重要指标。幸福是经久不衰的话题，人们一切行为的最终目的都在于满足自身的需求，获得幸福感。

什么是幸福感呢？幸福感是一种心理感受，它是对生活质量的一种现实衡量。有的学者将幸福感定义为"隐藏的国民财富"[2]，有的学者将幸福定义为人们对其

---

[1] 第四期中国妇女社会地位调查主要数据情况[J].妇女研究论丛，2022（1）：1，129.
[2] DEBORAH CARR, VICKI A. FREEDMAN, JENNIFER C. CORNMAN, NORBERT SCHWARZ. Happy Marriage, Happy Life？Marital Quality and Subjective Well-being in Later Life[J]. Journal of Marriage and Family, 2014（5）：930-948.

生活质量的一种主观感受[1]，还有的学者认为幸福感是构建和谐社会的重要指标[2]。国内外很多研究都表明婚姻会对幸福感产生显著的正向影响。不同的研究发现，不论男性还是女性，婚姻满意度显著正向影响生活满意度和幸福感。Salmai Qari（2014）经过数年跟踪研究发现婚姻会让人变得更幸福[3]。部分学者指出，婚姻对幸福感提升有正向作用，处于在婚状态个体的幸福感高于非在婚状态个体。但是，婚姻有时也被称为围城，被看作是爱情的坟墓和自由的枷锁。也有研究表明，并不是所有婚姻都能显著提高幸福感，婚姻并不是获得幸福的必经之路，已婚的人并不会比他们未婚时有更高的幸福感。Chapman and Guven（2016）指出婚姻状况影响婚姻幸福，婚姻状况不好的人幸福感低于未婚的人，婚姻美满的人婚姻幸福感较高[4]。由此可见，探讨婚姻幸福离不开对婚姻状况的衡量，而婚姻的幸福感是婚姻家庭咨询和指导者在实际工作中最关心的指标之一。

一、不同年龄段的婚姻幸福感

罗洁等学者的研究发现，不同年龄段的婚姻幸福感有显著差异。20~29岁的年轻群体所处的各种婚姻状态的幸福指数均高于总样本平均值。这个年龄段不同的婚姻状态中，离婚人群的幸福感最低，丧偶人群的幸福感略高于未婚人群。20~29岁的年轻人初出校园，踏入社会，在这个时段他们所承担的不仅仅是工资薪酬低以及生活成本高等问题，还有世俗观念所带来的压力，他们仍没有做好组成家庭的准备。工作占用太多私人时间，沟通不及时使得家庭矛盾也逐渐显现。同时，养育下一代、买房、购车、照顾好双方的家庭等一系列事务也需要考虑。但即使如此，对于开启人生新篇章的年轻群体来说，压力虽然存在，却也能成为夫妻双

---

[1] 邢占军.测量幸福——主观幸福感测量研究［M］.北京：人民出版社，2005：145.

[2] 苗元江.心理学视野中的幸福——幸福感评论与测量研究［M］.天津：天津人民出版社，2009.

[3] SALMAI QARI. Marriage Adaptation and Happiness：Are There Long-lasting Gains to Marriage?［J］. Journal of Behavioral and Experimental Economics. 2014（50）：29-39.

[4] BRUCE CHAPMAN, CAHIT GUVEN. Revisiting the Relationship Between Marriage and Wellbeing：Does Marriage Quality Matter?［J］. Journal of Happiness Studies，2016（2）：533-551.

方共同努力的动力。对于未来美好的展望以及实际婚姻生活中更多真实的压力还未面对，使得这个群体对婚姻的幸福感高于总体平均值。30~59岁的中年群体各种婚姻状态下幸福感指数均低于总样本平均值。但由于该群体为社会经济发展的主力群体，所受到的各方面压力都大于其他群体，这个群体也是婚姻家庭咨询师需要重点关注和干预的群体。60岁以上的老年群体，初婚老人幸福感高于总体平均值，经历了人生坎坷，能与配偶相濡以沫、平稳地走过这么多年，这种生活让人感到温馨又幸福。这个年龄段的再婚老人幸福感略低于初婚老人，但仍然在总体平均值之上。在此年龄段离婚的人群，夫妻双方大多有不可调和的矛盾，离婚对于他们来说可能是一种更好的选择[①]。

二、不同性别的婚姻幸福感

对不同性别的研究发现，已婚群体中，男女受访者幸福指数大致相同，无太大差异；未婚群体中，除60岁及以上的女性之外，其他年龄段的女性幸福感均高于同龄男性。离婚群体中，只有30~59岁的女性群体离婚后幸福指数高于男性，其余均低于同龄男性。对于30~59岁的中年离婚群体来说，男性的幸福感较女性而言更低。可能的原因是女性更容易调节生活的状态和节奏，并且能够更快适应，男性在离婚后往往难以适应同时承担高强度的工作以及照料自己生活的双重挑战，幸福感也随之下降。60岁及以上的未婚受访群体中，女性未婚受访者幸福感水平远低于男性未婚受访者，可能的原因是，此阶段的未婚女性由于劳动能力和体能的综合下降，生活上缺少伴侣的依靠和自己创造财富能力的下降都会带来幸福感的降低。这可能是因为对于年轻女性，非婚状态下的生活会更自由，结婚以后她们就要面临料理家务、照顾家人、生儿育女等一系列事情，由单身时的自由生活过渡到婚后的柴米油盐，这会在很大程度上降低

---

① 罗洁，倪梦媛.婚姻与幸福感的关系——来自CGSS的数据分析[J].产业与科技论坛.2009，18（18）：111-112.

其婚姻幸福感。

三、不同收入的婚姻幸福感

研究发现存在收入梯度的婚姻幸福感更高[①]。可能的原因是，收入梯度是对男性承担责任能力的一种证明，比妻子有更高的收入表示承担了更多的财务责任，满足了男性的自尊心；与丈夫之间的收入梯度使女性得到了财务上的依附和保障，可以使其更安于料理家务，可以促进夫妻和睦，有利于提高婚姻幸福感，这符合传统观念对婚姻中两性的分工和定位。而这一点也在婚恋市场上反复得到验证，因为收入基本上和能力挂钩，在择偶层面，更多的男性喜欢"向下兼容"，选择比自己收入低一点的女性，体现"男强女弱"，而女性的选择则恰恰相反，而这也是造成大量优质"剩女"的主要原因。新形势下，如何帮助适婚群体调整和优化这一既有模式，也是婚姻家庭咨询和指导工作者必须要应对的问题。

四、不同子女数量的婚姻幸福感

研究发现，当代中年人群，子女数量越多婚姻幸福感越低[②]。这可能是因为，对中年人来说，孩子大多数到了读书求学、成家立业、生儿育女的阶段，这些都需要父母的帮助，孩子数量越多，父母需要处理的事情就越多，在财力、物力和精力上对父母都是一种削弱，会急剧增加父母的经济压力和精神压力，显著降低其幸福感。而这也与社会现状相符，越来越多的青年育龄夫妇，在面对生育问题、生育数量的时候持谨慎态度，一个重要的原因是不愿意降低自己本来的生活质量和婚姻质量。

---

① 徐福芝，陈建伟.婚姻状态对幸福感的影响研究［J］.西北人口，2020，41（1）：53-62.
② 徐福芝，陈建伟.婚姻状态对幸福感的影响研究［J］.西北人口，2020，41（1）：53-62.

第四节　当代婚姻中不同性别承担的压力和心理冲突

一、当代婚姻中男性承担的压力

当代男性普遍承受着非常大的心理压力。受社会大环境的影响，男性对权力、金钱普遍存在高欲望，导致多数男性心、脑、神经系统经常处于紧张状态，容易造成精力透支。外加快速的经济、社会发展带来的持续工作压力，以及严峻的生存竞争带来的不安全感、低价值感，还包括夫妻相处中的种种矛盾、对家庭生活感情方面的无助、无力，都是已婚男性压力的来源。

二、当代婚姻中女性承担的压力

当代女性承担着社会和家庭的双重角色，相比男性来说，她们的负担和压力更为沉重，付出也更为巨大，所以容易遭受的心理创伤也更多，尤其是当女性遭遇烦恼以及一些心理压力的时候，精神上的痛苦常常以某种身心不适的形式表现出来。据世界卫生组织报告，全球女性患有抑郁症、焦虑症等心理问题的概率明显高于男性，而在全球四亿焦虑病患者中，有3.24亿人情绪紊乱，女性占比更高，而在我国每年至少有25万人自杀死亡，200万人自杀未遂，女性的自杀率也远高于男性。同时有近半数生育妇女有程度不同的产后抑郁症，心理问题容易存在于女性生命中的每一个阶段以及学习生活工作的各个方面。女性的生理结构、内分泌周期等，又决定了女性更容易发生情绪波动，情绪障碍，等等。所有这些都提示我们，女性应该拿出更多的时间和精力来关注自己的身心健康。

三、当代婚姻中男性的心理冲突

我们一直教导男儿有泪不轻弹，男人天不怕、地不怕，但是同时也使男性在这样的文化下形成了不容易释放情绪的特点，导致在没有合适的纾解渠道的情况下，压力只能在自己的身心中不断累积。与此同时，传统、专一的价值观要求和生物性本能的冲突也是很多男性不得不面对的问题。此外，在婚姻家庭关系中，传统的"男本位"思想成了很多家庭矛盾的根源。现代的家庭结构中，对平等的需求已经越来越成为不争的事实，但是男性受到的教育所灌输的本底思想却没有及时更新，以至于在家庭生活中各种琐碎的事务上，不断地重复着同样的模式，导致大量的男性在承担工作压力的同时，内心也很不容易快乐。

四、当代婚姻中女性的心理冲突

当代女性有了越来越优质的教育机会、就业机会和晋升机会，但是绝大多数的女性还要承担绝大多数的家务工作，而且在社会工作中要取得同样的成绩，多数要比男人付出更多的代价。社会对女性的要求也还是有矛盾的地方，比如说很多事业有成的女性都不喜欢被别人冠名"女强人"，因为如果承认是女强人，就会被默认为没有女人味儿、不可爱，可是另一方面，如果女人真的甘于家庭，又怕被轻视，因为无形中割断了与社会的大部分联系。还比如女性对传统评价的认可度的困惑，对贤妻良母标签的向往和排斥，既想成为一个贤妻良母，又在真正成为贤妻良母的路上感到迷茫和束缚。这种矛盾心理屡见不鲜，其中既有传统观念的影响，也有我们现在社会发展过程中的观念更新变化所带来的阵痛。这些都说明了当代女性在婚姻生活的过程中在逐步确立自己的价值，在不断探索与成长。

第五节 当代婚姻家庭咨询指导工作着力点

一、婚姻家庭指导的重要性

家庭对工作的冲突已经在理论和实践上都被证明显著区别于工作对家庭的冲

突[1]，尤其是亚洲人（以中国和新加坡为典型代表）对个人主义的评分较低。中国社会文化的一项重要特征即中国存在家庭导向的集体主义[2]，家庭责任在中国文化中具有核心作用[3]。这样的情况下，家庭婚姻的和睦就具有很现实的社会意义，因为员工努力工作的最终目的是给家庭创造更好的物质条件。Byron的研究还发现家庭对工作的冲突更与家庭需求有关[4]，当个体需要完成的家庭任务超过了其可以承担的范围时，就会通过挤占原本分配给工作领域的资源来实现家庭领域的角色任务，造成家庭对工作的冲突。所以，家庭中的种种是需要学习的，通过学习去整合、梳理家庭领域的种种"任务"，更好地、平滑地完成这些任务，是间接地在为家庭成员投身到工作中取得更好的效果扫清路障的。

同时，当代婚姻家庭的变化中，对成长的需求，尤其是婚姻中女性对成长的需求显现出越来越强烈的趋势。这种变化是基于女性过去几十年受教育权利、参与社会工作比例的大幅提升，女性在家庭中经济基础解决或好转的前提下，开始对自我角色的深入、教育方法的学习、教育本质的思考、自我认知水平的提高等有了探索的意识和越来越强烈的意愿。同样，男性也在社会变革和家庭的"震荡"中开始有了或主动或被动的求索和改变的意愿。越来越多即将踏入婚姻的青年男女和已经在"围城"中的已婚男女都开始对婚姻相关的种种问题感兴趣，想要学习、想要成长成为很多人的内在需求，为了过好日子，有更多的幸福感，开始主动寻找学习婚姻家庭知识的渠道和途径，主动探索亲密关系、亲子关系和内在成长。所有这些，都在提示我们婚姻家庭指导工作的重要性和紧迫性。

---

[1] MESMER-MAGNUS J R, Viswesvaran, C. Convergence between measures of work-to-family and family-to-work conflict: A meta-analytic examination [J]. Journal of Vocational Behavior.2005 (67): 215-232.

[2] LI J, LAM K, FU P P. Family-oriented collectivism and its effect on firm performance: A comparison between overseas Chinese and foreign firms in China [J]. International Journal of Organizational Analysis, 2000 (8): 364-379.

[3] FU P P, WU R, YANG Y, YE J. Chinese culture and leadership. Culture and leadership across the world: The GLOBE book of indepth studies of 25 societies [M]. In Chhokar J S, Brodbeck F C, House R J. Mahwah, NJ: Lawrence Erlbaum Associates, 2008: 877-907.

[4] BYRON K. A meta-analytic review of work-family conflict and its antecedents [J]. Journal of Vocational Behavior, 2005, 67, 169-198.

二、传统观念依然占据着主流价值观阵地

中国的绝大多数夫妻在进入婚姻不久后便生育子女，长期已婚无孩的家庭比例很低[①]，已婚女性依然存在普遍生育的现象[②]。根据民政部公布的数据，1990年我国再婚登记为78.2万对，仅占全部婚姻登记数量的4.3%，而在2018年，我国再婚登记为429.2万对，约占全部婚姻登记数量的四分之一。现代化虽然使得我国婚姻的稳定度有所下降，但传统家庭观念对维系婚姻也有着不可忽视的作用。

另一方面，关于婚姻家庭的建议，在表现形式上似乎父母的意见很容易引起年轻一代的反感和吐槽，但事实上，中国人传统观念中尊重父母、孝养父母的观念根深蒂固，父母、长辈的意见对年轻一代的抉择还是有相当大的影响的，在抗拒中妥协，也是很多年轻人在择偶、婚嫁、是否要孩子、如何育儿等婚姻家庭事务中抉择的真实现状。

这提醒婚姻家庭咨询师在开展工作时，除了专业技能的提高，还要充分提升自身的文化素养，消化吸收中华传统文化中的优秀家风和教养理念，并在日常的工作中以多种形式和媒介进行宣讲传播，起到树新风、立新貌的示范和指导作用。

三、大众传媒的影响

随着我国经济的高速发展和科学技术的日新月异，电视、互联网和智能手机已经走进了千家万户，得到了全社会范围内的迅速普及。作为大众传播媒介，互联网和电视的普及不仅极大地冲击着传统的社会规范，显著地影响到家庭对于不同生活方式、标杆婚姻的观念认知，而且还能为原本由家庭生活中所产生的情感和娱乐提供替代选择，从而对居民的生活方式选择、家庭生活的时间分配等产生

[①] 於嘉, 谢宇. 中国的第二次人口转变 [J]. 人口研究, 2019, 43 (5): 3–16.
[②] 翟振武, 刘雯莉. 中国妇女终身不孕水平究竟有多高？——基于人口调查数据的分析 [J]. 人口研究, 2020, 44 (2): 3–17..

重要影响[1]。与此同时，通过传播各种与婚姻相关的信息、组织各种婚姻中介平台和虚拟社区，大众传媒的普及还直接改变了人们的信息结构，从而显著地改变个体的认知观念，改变个体对婚姻效用的预期，从而影响到关于家庭问题的整体决策。时代的发展不能抗拒，这就更要求我们要利用好这些大众媒体的渠道，讲好的内容、讲优秀的内容、讲经得起时间检验的正能量的内容，扎扎实实地开展好婚姻家庭的咨询与指导工作。

四、重视生命周期中的重要节点

童辉杰等学者的研究证明，中国的婚姻关系符合随家庭生命周期发展的"U"形理论，研究发现中国婚姻关系的"低谷期"为第一胎子女的学龄前期阶段，即第一胎子女出生后3~6岁的阶段，这个"低谷期"比西方的研究结论提前了大约10年；研究发现，中国家庭婚姻关系的规律呈现出随着婚龄的增加，夫妻之间的理解程度、默契程度以及角色期待的一致性逐渐提高的趋势。总体来看，婚姻关系在家庭生命周期中的波动特征更为明显，尤其当子女出生、步入青春期以及脱离原生家庭时，夫妻的婚姻关系经历了明显的变化过程[2]。这也提醒我们，在进行婚姻家庭咨询的过程中，尤其要注重全生命周期中重要节点前后的心理建设和预防、咨询工作。

第六节 当代婚姻家庭变化背后的社会学意义

《马克思恩格斯全集》中写道："人对人的直接的、自然的、必然的关系是男人对妇女的关系。"从马克思主义的实践主体和研究对象来看，要全面彻底地研究

---

[1] 鲁建坤，范良聪，罗卫东.大众传媒对婚姻稳定性的影响研究［J］.人口研究，2015，39（2）：67-77.
[2] 童辉杰，黄成毅.中国人婚姻关系的变化趋势：家庭生命周期与婚龄的制约［J］.湖南社会科学，2015（4）：94-98.

人的实践本质、社会本质以及由此形成的社会关系，就必须面对两性关系这一人与人之间的基本关系①。实际上，两性关系在人类社会形成之初就已超越生理层面而具有社会属性和社会意义。女性在男女关系中所处的地位、女性在社会角色中所承担的责任、女性社会权利的彰显反映着社会进步的程度。马克思在致路德维希·库格曼的信中写道："每个了解一点历史的人也都知道，没有妇女的酵素就不可能有伟大的社会变革。社会的进步可以用女性的社会地位来精确地衡量。"②从马克思主义的理论和实践来看，要实现人的自由全面发展，就无法回避爱情、婚姻、家庭等方面的自由和谐问题。性别关系的和谐是人的社会关系和谐的重要内容和体现，两性和谐发展是人的自由全面发展的基本特征。马克思提出，未来的共产主义社会是一个自由人的联合体，即每个人的自由发展是一切人的自由发展的条件。这意味着必须建立一种真正平等、和谐健全的社会关系，即不以牺牲一部分人的权利和利益而保障另一部分人的权利和利益，相反，每个人的发展与权益的实现还有助于他人的发展与权益的实现，从而使包括女性在内的所有社会成员都能够得到自由而全面的发展③。我们从《马克思恩格斯全集》的思想性跳回历史发展的时间轴来看，确实如此。农业时代、工业时代，女性的生理机制制约了她们，同样是做力气活，女性肯定不是男性的对手，这决定了在家庭地位、社会地位上女性势必低于男人。随着社会的发展，从农业时代进入工业时代，现在又进入了信息时代，信息时代已经极大地弱化了女性的弱势，男性和女性都不是靠拼体力来获得价值的，女性有了更多的发挥自己潜力的空间和舞台，进而开始拥有了自己的家庭地位、社会地位，对自我幸福的认识更加多元，更具有时代性，对自我的认识不再全部建立在对男性的依赖上，随着社会的进步和发展，男女两性势必是越来越平等。

---

① 马克思，恩格斯.马克思恩格斯选集：第3卷［M］.北京：人民出版社，2002：296.
② 马克思，恩格斯.马克思恩格斯选集：第4卷［M］.北京：人民出版社，2012：480.
③ 张莉.马克思晚年对两性关系和妇女解放问题的探索［J］.理论学刊，2020（5）：32-39.

时代已经在用种种形式表达着对两性关系均衡发展、自由和谐的召唤，也只有这样的发展才能真正充分发挥男女两性的主体能动性。婚姻家庭咨询师要建立正确的历史观、社会观，迎上时代发展的浪潮，在建立真正平等、和谐健全的社会关系上贡献自己的专业技能。同时，更要不断学习，自我成长，才能在咨询与指导工作中既能洞察到丰富的人性，又能尊重每一个求助者自由的个性，促进每一个被指导个体自由而全面的发展，守护千千万万家庭，在变化中成长，在成长中共进！

第五章
家庭中子女的发展与变化

新的历史时期，子女问题的发展变化一定有各种各样的因素和原因，首要的是我国人口发展变化的历史大背景。由于人口政策的不同，子女数量、生育年龄、抚养方式等都在发生变化，而这些变化又进一步引起教养理念的变化、关注重心的变化，等等。我国在2010年曾提出过要建立人口均衡发展的模式，这种人口发展模式更加全面地包括了人口数量、人口质量、人口结构、男女比例、出生婴儿性别比例等众多方面的考量。本章探讨新形势下的子女问题，也将站在这一历史角度之下，去分析种种变化及其原因。

第一节　中国家庭子女情况的变化

一、生育数量的变化

中国家庭子女生育数量的变化与生育政策有极大关系，本部分将聚焦生育政策主导的生育数量在过去40年的总体发展变化。

伴随着中华人民共和国成立之后出现的第一次出生高峰，人口无计划增长同国民经济有计划发展的矛盾开始显现出来。1962年，中共中央、国务院发出《关于认真提倡计划生育的指示》，强调"在城市和人口稠密的农村提倡节制生育，适当控制人口自然增长率，使生育问题由毫无计划的状态逐步走向有计划的状态"。1982年，《中共中央、国务院关于进一步做好计划生育工作的指示》第一次明确提出"控制人口数量，提高人口素质"，提倡"晚婚，晚育，少生，优生"，同年12

月修订的《中华人民共和国宪法》第25条规定："国家推行计划生育，使人口的增长同经济和社会发展计划相适应。"第49条规定："夫妻双方有实行计划生育的义务。"至此，严格的计划生育工作在全国范围内如火如荼地开展起来，伴随着计划生育政策的出台，全国范围的生育率逐步走低。

20世纪80年代中后期以来，根据各地具体条件、特点的不同，开展了符合计划生育精神、因地制宜的计划生育政策。大致可以归为以下几类：一是城市地区以及重庆、四川、江苏农村地区实行的是一对夫妻生育一个子女的"一孩"政策；二是其余农村地区如果生出的第一个孩子是女孩的可以再生育一个子女的政策，称为"一孩半"政策；三是少数民族地区和边远山区实行允许生育两个孩子的"二孩"政策；四是个别特殊地区不限制生育子女数量。其中，在同一地区的不同人口可能实行的是不同的生育政策。

30年严格的计划生育后，中国的总和生育率已处于低生育水平阶段，并有向超低生育水平发展的前兆，这又成了当前我国人口问题不得不面对的现状。超低的生育水平对一个国家来说有可能产生人口红利问题、社会发展问题等巨大影响。在此现状下，计划生育政策于近年开始持续地不断调整。先是2011年出台了"双独二孩"政策，即夫妻双方都是独生子女的允许生育两个孩子。紧接着2013年推出"单独二孩"政策，即夫妻双方有一方是独生子女的允许生育两个孩子。2015年，全国人大常委会修订了《人口与计划生育法修正案》，正式推出"全面二孩"生育政策，并于2016年1月1日起正式实施。

为进一步应对我国严峻的人口形势、解决人口发展问题，2021年3月11日，全国人大表决通过了关于"十四五"规划和2035年远景目标纲要的决议，决议指出，要制定人口长期发展战略，优化生育政策，以"一老一小"为重点完善人口服务体系，促进人口长期发展。2021年5月31日，中共中央政治局召开会议，审议《关于优化生育政策促进人口长期均衡发展的决定》，指出要实施一对夫妻可以生育三个子女的政策，即"三孩"政策。2021年7月20日，《中共中央、国务院关于优化生育政策促进人口长期均衡发展的决定》正式公布，指出优化生育政策核心在于实施三孩生育政策，取消社会抚养费等制约措施、清理和废止相关处罚规定，并配套实施积极生育支持措施。2021年8月20日，全国人大常委会会议表决通过了修改人口与计划生育法的决定，三孩生育政策正式入法。应该说，实施"三孩"政策是对我国人口增长模式发生根本转变的及时回应，是党中央做出的关乎中华民族长久存续的重要战略决策。

在不同的人口政策下，我国每年出生人口的数量也有明显变化（见表1）。

表1　1950—2022年我国出生人口数

年份	1950	1955	1960	1965	1970	1975	1980	1985	1990	1995	2000	2005	2010	2015	2020	2021	2022
出生人口数（万人）	1 419	1 965	1 402*	2 679	2 710	2 102	1 776	2 196	2 374	2 052	1 765	1 612	1 588	1 655	1 200	1 062	956

注：数据来源于国家统计局网站数据。*为三年自然灾害时期。

各国经验证明，限制生育相对容易，会在短期内取得明显成果，鼓励生育却面临诸多障碍。同样，"三孩"政策的有效实施也可能面临一系列显性和隐性障碍，作为婚姻家庭咨询师，必须充分认识到未来一段时期内，与生育相关的家庭问题和家庭矛盾的可能性和危害性，并积极学习好这方面的政策法规，深入了解家庭的具体问题，协助家庭解决好这方面的问题。

二、生育年龄的变化

随着时代变迁和经济社会发展，我国年轻人的婚嫁和生育观念也在发生着巨大转变，传统的"早生贵子""多子多福"等生育观念已经逐渐淡化，"晚婚晚育、少生优育"成为主流。国家统计局数据显示，2017年我国育龄妇女平均初婚年龄为25.7岁，较1990年推迟4.3岁[1]。而对生育年龄的研究也发现，20世纪60年代中国妇女各胎次平均生育年龄均无很大变化。20世纪70年代后，特别是从1971年开

---

[1] 李国经.我国妇女平均生育年龄动态分析（1960—1981年）[J].人口学刊，1988（3）：53-56.

始，平均初育年龄及二胎平均生育年龄逐年有所提高。2021年5月第七次全国人口普查结果正式公布，2020年普查一孩平均生育年龄不断提高，达到27.22岁，比2010年的26.65岁提高0.57岁，比2000年的24.83岁提高2.39岁。普查二孩平均生育年龄达到30.33岁，比2010年的30.83岁降低0.5岁，比2000年的29.06岁提高1.27岁[①]（见表2）。

表2 2000—2020年平均生育年龄估计

	全部		第一孩		第二孩		第三孩及以上	
	总和生育率	平均生育年龄	总和生育率	平均生育年龄	总和生育率	平均生育年龄	总和生育率	平均生育年龄
2000年	1.22	26.29	0.866 8	24.83	0.288 2	29.06	0.065 6	30.94
2010年	1.18	28.44	0.728 1	26.65	0.381 2	30.83	0.078 5	33.44
2020年	1.30	28.98	0.625 8	27.22	0.534 6	30.33	0.135 9	31.73

三、妇幼健康水平的变化

妇幼健康是健康水平的重要标志，也是一个国家文明程度的重要标志，孕产妇死亡率是衡量妇幼健康水平的重要指标，孕产妇死亡率指的是每万例活产或每十万例活产中孕产妇的死亡数，从妊娠开始到产后42天内，因各种原因造成的孕产妇死亡均计算在内。中华人民共和国成立前，我国广大农村和边远地区缺医少药，孕产妇死亡率高达150/10万，婴儿死亡率高达200‰，人均预期寿命仅有35岁。改善孕产妇健康是世界卫生组织的主要优先事项之一，也是中华人民共和国成立以来保障的民生工程之一，2010年以来，我国孕产妇死亡率在逐年下降，至2019年中国孕产妇死亡率已降至17.8/10万。2019年是中华人民共和国成立70周年，70年来我国妇幼健康事业取得了辉煌成就，充分保障了妇女儿童生存权、健康权和发展权。随着国家医疗水平的提高，中国新生儿死亡率（新生儿死亡率指年内产后28天以内死亡的新生儿数与活产数之比，新生儿死亡率是反映一个国家和民族的居民健康水平和社会经济发展水平的重要指标，特别是妇幼保健工作水平

[①] 王广州，胡耀岭.从第七次人口普查看中国低生育率问题［J］.人口学刊，2022，44（6）：1-14.

的重要指标）一直在下降，尤其是农村地区下降更为明显，2010年中国城市新生儿死亡率为4.1‰，农村新生儿死亡率为10‰，2019年中国城市新生儿死亡率为2‰，农村新生儿死亡率为4.1‰。2010年以来中国五岁以下儿童死亡率也在继续稳步下降，至2019年中国5岁以下儿童死亡率为7.8‰[①]。

在受教育程度方面，2021年9月，国务院新闻办公室举行新闻发布会介绍《中国妇女发展纲要（2021—2030年）》《中国儿童发展纲要（2021—2030年）》，发布会介绍，我国儿童受教育水平不断提高，学前教育毛入园率从2010年的56.6%提高到85.2%，九年义务教育巩固率从2010年的91.1%提高到95.2%，高中阶段毛入学率从2010年的82.5%提高到91.2%，儿童福利水平稳定提升，保护工作机制进一步健全，成长发展环境进一步优化，关心爱护儿童的社会氛围进一步形成。

四、抚养方式的变化

在抚养方式方面，目前我国儿童的抚养方式主要分为以下几种[②]，第一，父母抚养。孩子由亲生父母养育，主要由父亲和母亲共同照顾孩子的饮食起居和教育生活，这是最普遍的和最自然的抚养方式。但在现实生活中，由于社会压力越来越大，大多数父母在面对工作生活等各种压力时是无法去完成对孩子全部的生活照顾和教育引导的，这种最原始最自然的抚养方式也有了逐渐被其他的抚养方式所替代的趋势。第二，隔代抚养。隔代抚养是指父母无法亲自照顾子女的情况下，子女由祖父母或者外祖父母代为照顾，孩子的父母仅在下班或者周末与孩子相处很短的时间。一般情况下母亲年龄小、文化程度低或者无固定工作者，多选择自己抚养婴儿，母亲年龄大、文化程度高、就业机会多者，主要依赖祖辈抚养孩子，但是在不少农村地区，由于父母外出打工，大多数家庭的基本选择是隔代抚养。第三，父母和祖父母或外祖父母共同抚养。孩子以父母抚养为主，祖辈协助父母

[①] 2020—2026年中国妇幼保健院行业市场全景调查及投资方向研究报告[R]. 智研咨询，2020.
[②] 陈振辉. 不同抚养方式学龄前儿童社会生活能力发展状况分析[D]. 郑州：郑州大学，2017.

一起全家抚养，父母陪伴孩子的时间要多于或者至少等于祖辈与孩子相处的时间。第四，单亲家庭抚养。由于父母离婚或者一方由于各种原因无法陪伴孩子，主要由父亲或者母亲一个人照顾孩子的生活起居，同时担负孩子的教育责任。第五，保姆或其他方式抚养。在一些特殊情况下，比如祖辈无法照顾孩子，父母由于工作等各种原因不能完全抚养孩子，孩子大部分由保姆或者亲戚甚至托管教育，父母只有在下班或者周末用很少的时间来陪伴孩子的抚养方式。

第二节　当代亲子养育中父母面对的问题

一、生育成本

生育成本又称生育家庭成本，生育孩子的成本首先包括直接成本和机会成本[①]。直接成本包括从怀孕、抚养到孩子生活自理整个过程的全部支出（怀孕和生育的相关费用、生活费用、教育费用、医疗费用）；机会成本包括父母因抚养孩子而损失的收入、机会，以及所放弃的其他活动的效用。此外，一个新增孩子在家庭内的成本不仅包括直接的货币成本和间接的机会成本，还包括母亲的生理成本和心理成本。同时，一个新增孩子不仅需要家庭内部付出成本，还需要外部成本，即家庭以外的他人和社会所需要付出的成本。独生子女政策下的家庭成本强调对子女的优质教育，二孩和三孩政策后，对于一个家庭的生育成本是成倍增加的。生育多孩的相关费用，例如，生活、教育和医疗费用都是高昂的，而这些成本依靠单个家庭有时是难以达到的，需要父辈给予支持和帮助。但这种支持和帮助又同时面临着父辈的养老负担，因此，家庭成本的边际效应不容忽视，家庭以外的他人和社会的外部成本并不是一个小的数额。

而在诸多生育成本中，住房负担是高养育成本之一。近年来，我国房价持续

---

① 谭皓月，高瑜洁. "全面二孩政策"背后的家庭社会学研究［J］. 改革与开放，2018（07）：68-69.

攀升，居民负债率快速增加。2019年，央行对我国城镇家庭资产负债情况进行调查显示，当前我国城镇居民家庭负债率已达到56.5%，其中仅住房贷款就占据了家庭负债总额的75.9%。多名学者的研究均发现住房作为消费耐耗品，会通过影响家庭生活成本，对家庭生育决策产生影响。显然，高企的房价对适龄婚育群体的生育意愿和行为有显著的负向影响。

国家需要增加对于儿童教育、儿童医疗、儿童相关的资源的投入，而这些都需要相关政策的引导和完善，在这样的建设和完善的过程中，对于单个家庭来说，生育成本是每一对父母在面临是否生育、是否再生育的过程中，不得不考虑的重要问题之一。

二、生育压力

随着经济的发展，我国女性在家庭中所占的劳动价值升高；另一方面家庭子女数减少，妇女开始从传统的家庭角色中脱离出来，不再仅仅承担教养孩子和赡养老人的功能。随着"全面二孩政策"的进一步放开，更多家庭可以有自由的选择权，抚养更多的子女。但是，放开二孩、三孩背景下的女性家庭角色还没有发生相应改变。生育多孩，需要更多的抚养功能，意味着女性需要更多的经济支持和更多的时间成本。这对现有女性角色的冲击是很大的。很多女性还需要工作，承担着部分的养育家庭责任。其抚养功能能不能实现是不得不考虑的现实难题。而女性由于生育带来的经济收入的减少又需要现实的支持。调查表明，城市妇女生育二孩的生育意愿只有20%左右，远低于预期。这一方面和西方社会一样，是妇女的受教育程度上升的必然表现，另一方面也是妇女对自身家庭角色怀疑的现实反映。在中国，男女双方的家庭角色变化，导致孩子对于父母的认知已经形成了新的看法。而生育政策带来的家庭角色的变化并不是一蹴而就的。生育二孩所带来的女性的家庭回归，以及同时造成的女性经济压力是一个需要注意的社会问题。

对生育者——母亲而言，面对生育这一原始问题，除去现实的压力以外，与生育相关的诸多保障不够完善也是不得不考虑的因素。在我国，生育保险已于2019年和职工基本医疗保险合并实施，参加职工基本医疗保险的女性可享受包括生育津贴、生育医疗费用的生育保险待遇。对于夫妻双方均参加城乡居民基本医疗保险的女性，则按照低于女职工生育保险报销标准的生育医疗费用标准进行报销。产前检查费用也因地区而异进行补助，但尚未实现全国全覆盖，且无生育津贴。有研究表明，生育保险的产假和津贴制度较其医疗保障具有更广的保障功能，对于改善生育文化、提高生育意愿和生育率具有显著积极效应。但显然，当前我国的产假和津贴制度并未大范围适用，因此生育保险产生的社会效果也是受到限制的。另外，我国普惠型的0~3岁婴幼儿照料及托幼服务体系尚未形成，在市场化托育机构信任度不高、费用高昂的背景下，我国0~3岁婴幼儿的入托率极低。国家卫生健康委有关调查显示，我国0~3岁婴幼儿的入托率仅占5.5%，远低于发达国家高于35%的水平。

同时，在女性受教育程度逐渐提高的背景下，女性职业化已成为普遍现象，女性生育的机会成本随之提高。在时间一定的前提下，女性投入工作和家庭的时间精力呈现此消彼长、相互挤压的关系，而这一现象在普遍就业的城市女性身上更为明显。目前，我国生育友好型劳动力市场尚未形成，女性就业歧视问题仍然存在。

即使女性为家庭放弃工作，选择在家全职带孩子，一旦夫妻关系出现问题，涉及离婚，分割财产，女性为家庭所做的付出也很难得到合理的量化和回报，难以得到现有法律和社会环境的积极支持。

此外，城市女性在高强度工作压力下，生活的不规律导致不孕不育等客观生育障碍所带来的"不能生"占比也愈发上升。所有这些因素，都是育龄女性在面对生育问题时不得不面对的现实问题。

三、养育焦虑

由于多年独生子女政策的实施，优生优育的概念已经深入人心。生育数量减少，大多数城市家庭现有子女数量只有一个到两个，这决定了家庭对子女成才的高度需求。许多教育焦虑由此产生，不让孩子输在起跑线上，虎妈、狼爸话题不断，五花八门的教育广告应运而生……父母们的内心世界是：我的孩子一定不能输，我的孩子一定要比别的孩子强。加之现代社会便捷的通信方式和各种社群的信息传播，每每传递一些别人家的孩子取得的成绩时，父母就会更受刺激，心理状态不稳定，开始加倍"鸡"娃。总体而言，养育焦虑的家庭在这个社会中比比皆是，具体表现有：

把个人欲望强加于孩子身上，希望孩子能代替自己出人头地、完成自己未竟的梦想；

控制欲过强，粗暴干预孩子的一切；

一心围着孩子转，把全部的资源都倾注在孩子身上；

信息大爆炸，病急乱投医，各种理论乱了阵脚；

重智轻德，重知轻能；

事必躬亲，大包大揽；

……

想要"鸡"娃，第一选择就是增加各种学习，统考统招制度下的升学淘汰机制又使得优质教育资源呈现供小于求的态势，从而带来资源稀缺下的竞争，最终给家庭带来沉重的经济负担。这些负担既来自校内教育，又来自校外教育辅导机构。在校内教育方面，我国优质公共教育资源尚处于不均衡状态，基础教育阶段公立学校划片就近入学的政策导致对应优质学校的学区房价格猛涨，在原本房价高企的基础上，学区房的出现又给家庭带来巨大压力。在校外教育方面，互联网时代"不让孩子输在起跑线上"的口号深入人心，导致市场化教辅机构学费高昂。2019年发布的《儿童蓝皮书：中国儿童发展报告（2019）》指出，年度调查中，有六成儿童参与课外班，每年课外辅导费用人均约9 211元。

另外，中小学生放学时间与其父母下班时间存在空档期，导致父母接子女放学存在困难，且多数父母没有寒暑假，导致寒暑假期间中小学生的日常生活和教育成为问题。这些进一步催生了"校外托管"产业，增加了家庭教育成本。

以上种种导致养育子女的教育成本极高，在城市中，子女数量已经开始显著影响幸福感。研究发现，我国现阶段，对35~65岁的中年人，子女数量越多婚姻幸福感反而越低。这说明，子女数量的增加会增加中年人来自婚姻或者家庭的压力，对婚姻幸福感产生负向影响。

同时，在养育的过程中，父职缺失也成了一个显著的社会现象。由于经济压力增加，很多家庭中，父亲更多地忙工作、忙事业、忙赚钱，能真正高效地、有质量地陪伴家庭的时间并不多。《2017中国家庭亲子陪伴白皮书》中显示，父亲作为陪伴孩子主力的家庭仅占12.6%，且父亲的"形式陪伴"占主导，而由母亲作为陪伴主力的家庭则超过55%[1]。养育孩子过程中父职的缺失也会导致女性的工作时间受到挤压，进一步降低女性工作的竞争力。当前我国家庭仍受到传统的"男主外女主内"等性别分工观念的影响，育儿压力更多由女性来承担，也进一步影响了女性的生育决策，加大了女性在养育子女过程中的焦虑情绪。

也正是由于整个社会的教育内卷已经成为一个显著的社会问题，2021年，中央办公厅、国务院办公厅印发了《关于进一步减轻义务教育阶段学生作业负担和校外培训负担的意见》(简称"双减")，针对时下教育的痛点和难点进行了大力度的改革，"双减"政策涵盖了教育培训、学生作业时间和课后服务等的各种类目，明确规定学科类培训不得占用法定节假日、休息日以及寒暑假进行补课，从市场上叫停教育资本化，明确学科类培训机构一律不得上市，让孩子的学习回归学校。

极高的教育焦虑也催生了极高的教育成本。"双减"透露着国家从严管理的教育改革动向，帮助苦于教育内卷已久的家庭，开始破解养娃的焦虑。

---

[1]《家庭亲子陪伴白皮书》发布"形式陪伴"占主导、"物质陪伴"受关注［EB/OL］.（2017-12-27）[2021-09-12］. http://www.Xinhuanet.com/mon-ey/2017-12/27/c_129776743.htm.

四、养育放手

与城市中教育内卷形成巨大反差的是农村地区留守儿童的"教育放手",伴随改革开放而来的大规模乡—城迁移,当代社会"留守儿童"的问题已经成了一个不得不让人关注的社会问题。据《2019年农民工监测调查报告》显示,2019年农民工总量达到2.907 7亿人,比上一年增长0.8%。有学者利用2010年第六次全国人口普查数据进行估算,认为全国农村留守儿童为6 102.55万人。近年来,乡—城人口流动呈现家庭化趋势,年轻一代的流动人口更倾向将子女带在身边。但据全国农村留守儿童和困境儿童信息管理系统显示,截至2018年9月,全国仍有农村留守儿童697万余人。这些农村的留守儿童普遍缺乏抚养者科学的家庭教育,父母基本上把这些孩子的教育放手给了学校和家中的祖辈,学校学到什么算什么,祖辈能管好基本的生活就是这些孩子的日常状态。一项在全国12个省(区、市)的27个县(区)开展的贫困地区农村留守儿童健康服务需求评估调查发现,与农村非留守儿童相比,心理行为健康问题是当前留守儿童面临的突出健康问题,并随着其年龄的增长而日益凸显[1]。

"养育放手"下的儿童群体如何培养健全的心理,这也是整个社会必须面对的问题。

第三节 当代孩子的主要困境

一、巨大的成才压力

当今,社会竞争激烈,就业压力大,这种紧张严峻的局势给了家长无形的压

---

[1] 刘昱君,陆林,冉茂盛.中国农村留守儿童的心理健康:现状、影响因素及干预策略[J].科技导报,2021,39(18):50-56.

力，独生子女政策下的父母强调对子女的"精英化"教育，在家庭子女数量锐减的背景下，家庭对子女教育的重视程度及其投入大幅提高。学英语、学奥数、练书法、下围棋，孩子的全科培训已经成了很多家庭的标配，在"不甘人后"的焦虑下，家长不断给孩子加码，导致孩子的时间、空间被大大压榨。

而在学校，由于评价体系的导向，老师们评优、晋职、绩效奖金等都与学生分数挂钩，出现了以考试代替评价、以分数代表能力，唯分数、唯升学的情况，要高分就不得不对学生施压。

在家庭压力和校园压力共同的作用下，不少孩子会遭受家长的语言暴力，或者遭遇程度不同的校园伤害。长此以往，会出现学习提不起兴趣、对作业和考试产生排斥或者对自己的要求过高、抗挫折能力降低等情况。这种长期超负荷的学习压力必然会引起孩子的心理疾病，导致部分孩子抑郁、焦虑、躁狂等各种心理症状的产生。

二、互联网的诱惑

随着移动互联网的迅猛发展，功能多样、可以满足人们多种需求的互联网设备逐渐成为日常生活不可或缺的重要工具，手机、电脑、各种智能设备、AI技术产品等，已成为生活必不可少的部分。但就其中的智能手机而言，研究发现越来越多的人出现了过度使用手机的现象，甚至形成了严重的手机依赖问题。手机依赖已成为严重的社会问题，引起了社会广泛的关注。手机依赖是指过度使用手机从而对个体身心造成不良后果的一种依赖行为。现在的孩子普遍接触手机的时间过早，使用时间过长。孩子在接触到更多新奇的事物和"高科技"的同时，思维变得更灵活多变，但是，面对的诱惑也更多。

儿童青少年处在特殊的发展阶段，好奇心重、自控力差等使其容易沉迷于手机；此外，青少年脑内部多巴胺的活动水平较高，导致他/她们追求刺激、喜欢尝试新事物，更容易产生手机依赖。大量研究表明，手机依赖与抑郁、焦虑、学业成绩等都有一定程度的相关性，尤其是手机依赖与儿童青少年情绪健康的关系也得到了广泛重视。

三、心理问题高发

抑郁是儿童青少年情绪健康问题的重要测量指标，也是自杀、依赖行为的高危因素。我国《2020年心理健康蓝皮书》显示，该年中国青少年抑郁检出率为24.6%，也就是说，100个人中有最低24个孩子是抑郁症。中国青少年抑郁症状检出率远远高于我国成年人和老年人的检出率。据2013—2016年的《中国卫生和计划生育统计年鉴》的数据显示：自杀在10岁之前还比较少，但在此后，风险迅速上升。10~25岁之间的青少年的非疾病死因里，自杀可以排到前三。

《中国国民心理健康发展报告（2019—2020）》同样显示：随着学生年级的升高，抑郁和重度抑郁也呈上升趋势。

小学阶段，重度抑郁的检出率在1.9%~3.3%；

初中阶段，重度抑郁的检出率在7.6%~8.6%；

高中阶段，重度抑郁的检出率在10.9%~12.5%。

总体而言，青少年生理成熟期逐步提前，但心理与社会性成熟却越来越晚，以至于缺乏一种与环境变化和关系变化匹配的、足够的认知能力、心理承受能力、制约和改变现实的能力，这已经成为越来越普遍的现象。认识这些规律并且掌握相关的调试技能，也是婚姻家庭咨询师解决婚姻家庭问题时必须要具备的能力。

我国未成年人心理健康状况堪忧。儿童青少年在情感、人格、人性教育方面，存有缺陷，网络成瘾、游戏成瘾、抑郁症、躁郁症、神经官能症等都是青少年容易产生的心理问题。家庭矛盾重重，或者遭遇了早恋、失恋，或者有其他诱发事件，都有可能诱发青少年的某种极端行为：割伤、咬伤自己，揪自己头发，在自己身上刺字，等等；重的，可能就会厌世、自杀。

自杀和青少年自杀是全球性公共卫生问题，全世界每年约有80万人死于自杀，自杀是15~24岁青年死亡的第二大原因。但是相比全球数据，中国青少年的自杀问题显得更加严重。自杀，是一个重大的社会问题。我国自杀死亡率居高不下。青少年自杀呈现低龄化。个体的自杀过程一般会经历三个阶段：产生自杀意念、制订自杀计划和采取自杀行为。自杀意念是自杀行为者产生的早期心理活动。对青春期不同性别的比较研究发现，女生相比而言更容易出现自杀意念[①]，究其原因，青春期的女生比男生所承受的来自生理发育（如胸部发育、月经初潮的不知所措和尴尬等）、学校适应等各方面的压力更多，以及女生本身的易感性特点，导致女生容易出现抑郁等负面情绪，容易出现自杀意念。

如何纾解青少年的学习压力、如何正确地引导他们使用互联网工具而不沉迷、如何预防青少年抑郁、降低自杀率，这些问题都是值得婚姻家庭咨询师深入探索的课题。

第四节　新时期的新工作

一、家长要树立孩子教育的正确成才观

孩子的成长离不开教育。家长们对孩子都抱着满满的期望，希望孩子将来"出人头地""找个好工作""有钱""有地位""生活幸福""受人尊重"，等等。对于孩子的未来，虽然家长们有各自不同的看法，但在最终目标上却高度一致，就是希望孩子成人成才，过上幸福美好的生活。要实现这个目标，家长究竟应该将孩子培养成为什么样的人，便成了家庭教育与教育焦虑必须要解决的问题。心理学家的研究发现：一个人的成长、成功离不开志存高远、勇于行动、坚韧不屈、积极乐观、承担责任、勇于合作和不断成长七种品质。此外，经济社会的飞速发

---

① 王秋英，黄巧敏，迟新丽.初中生自杀意念及影响因素的3年纵向研究［J］.中国心理卫生杂志，2022，36（2）：124—128.

展，对当今的孩子提出了更高的要求，孩子需要拥有更多的知识和更高的技能，需要面对更多的挑战，应对更棘手的问题与更沉重的压力。孩子的成长已不仅仅是知识与技能的获取，更包含了人格品质、价值观念、道德修养等的培养。在家庭教育中，家长不仅要引导孩子学会求索知识、探索真理、掌握真本领，还应该注重培养孩子积极的价值观、良好的品德、健全的人格、健康的身心，成为有理想、有修养、敢担当、愿奉献的时代青年和终身成长的幸福人。在这个过程中，离不开家长对孩子的教育引导，包括文化知识的传递交流、意志行为的规范引导、生命内涵的感悟，以及孩子成长中遇到的各类问题的应对与处理，等等，最终达到孩子能够在实践中学会自主成长的目的。

二、家长要树立自我成长观

在传统观念下，家长为子女无私奉献、倾尽所有的做法已不能满足时代的需要与孩子发展的需求。调查显示：我国有75%的家长为自身发展感到高度焦虑[1]。这种焦虑不仅影响了家长的工作、生活，也同样影响着对孩子的教育。

作为婚姻家庭咨询师，帮助家庭中的成员树立这种自我成长观是非常必要的。只有在自我成长的过程中，才有可能面对与孩子相关的变化中的种种问题，比如：

夫妻关系与夫妻分工的问题。孩子会带来家庭角色的变化，而家庭角色的转变又会要求家庭分工的再次更新，从决定是否要生育孩子，一直到孩子出生后的喂养和教育，家庭中的种种互动都需要沟通与协调，而这一切都是对夫妇关系的极大考验。因此，有了孩子之后，夫妻关系必须得到新的调适，而如何调整好这些部分，必须有主动学习的意识才可能应对。

多孩之间关系的调适问题。"二孩""三孩"政策之后，更多的父母可能会选择生养多孩。每多一个孩子都将使我们不得不对整个家庭关系进行重构。我们以

---

[1] 侯天凤，柯玲，黄媛媛，刘霞.应对家庭教育焦虑的成长心智模式构建[J].成都师范学院学报，2021，37（2）：62-69.

两孩家庭为例,"子女扩容"不仅要求家庭中的第一个孩子接受有弟弟或妹妹的现实,主动学习怎样做哥哥或姐姐,同时,多孩也将影响家庭中的亲子关系,原有家庭中已经形成的父母与孩子的关系,因为家庭中新的孩子的到来而变得复杂起来,要求父母正确面对和调适与两个孩子之间的亲子关系。

祖辈老去的伴生问题。人口老龄化已成为我国人口发展的重要趋势之一,第七次全国人口普查数据显示,2020年我国60岁及以上老年人人口数量高达2.64亿人,占总人口的18.7%,年度同比增长5.44%,65岁及以上老年人人口数量达1.9亿人,占总人口的13.5%,即将超过14%的老龄社会标准。通过对第六次和第七次全国人口普查数据进行比较发现,2010—2020年间,我国老少比(即老年人人口数与少儿人口数之比)从53.42%上升至75.24%,增幅近40.85%,表明我国低年龄组的人口规模日益缩减,而高年龄组的人口规模不断扩大,相应地,我国人口老龄化程度不断加深。《国家人口发展规划(2016—2030年)》对我国未来人口态势的预测显示,到2030年,60岁及以上老年人人口将占我国总人口的25%左右。而老龄化的社会现象落实到一个家庭中时,就是我们不得不面对的倒金字塔式的赡养模式。可以预见的是,未来一段时期,在面对亲子问题的同时,祖辈老去过程中伴生的问题也将是一个家庭中非常重要的问题。

孩子的成长依赖于家长的成长。家长只有不断成长,才能获得更多的知识与技能,获得更先进的育儿理念,给予孩子更好的教育。家长也只有不断学习,才有可能处理好以上种种问题,增强获得感与幸福感,更好地实现自身的价值。

父母是儿童最早接触的对象,家庭是儿童最早接触的生活环境,也是儿童接受教育的第一所学校。如何帮助更多的父母成为智慧的父母、能够解决问题的父母、能够拥有幸福能力的父母,是每一个婚姻家庭咨询师必须要认真提升的专业技能。作为婚姻家庭咨询师,有高度、有见地、又有技能地扎实做好每一个家庭的实际指导,让更多的家庭能够成为成长型家庭,能够面对和解决这些实际生活中的亲子问题,是每一个婚姻家庭咨询师责无旁贷的责任。

第六章
新变革下的婚姻家庭伦理

家庭是社会的细胞，是社会的重要组成部分，婚姻家庭的幸福安定是社会繁荣与稳定的条件和根本。由恋爱而缔结婚姻，建立家庭，是每个人人生中的一件大事。在"家国一体"的社会背景下，婚姻伦理作为社会伦理的重要组成部分，担负着"齐家、治国、平天下"的政治功能，对规范婚姻关系、促进婚姻和谐、稳定社会秩序，发挥着重要作用。

第一节 婚姻家庭伦理的发展

一、婚姻家庭伦理概论

"伦理"是处理人与人之间关系应遵循的原则。古代"五伦"，父子、君臣、夫妇、长幼、朋友五种关系，是我国传统社会的伦理规范，"父子有亲，君臣有义，夫妇有别，长幼有序，朋友有信"[1]。体现婚姻家庭的人伦秩序是共同遵循的婚姻家庭伦理道德准则。恩格斯曾指出"父母、子女、兄弟、姊妹等称谓，并不是简单的荣誉称号，而是一种负有完全确定的、异常郑重的相互义务的称呼，这些义务的总和便构成这些民族的社会制度的实质部分。"[2]这在我国传统的小农经济社会中尤其如此，其时的家庭伦理与社会伦理融为一体，家族制度甚至直接构成国

---

[1] 赵万一.民法的伦理分析[M].北京：法律出版社，2003：5.
[2] 马克思，恩格斯.马克思恩格斯选集：第四卷[M].北京：人民出版社，1976：24-25.

家的社会制度[1]。

婚姻是一种由男女双方自愿建立的、被当时社会所认同、具有特定权利和义务的经济与性的社会结合关系，婚姻的本质是合乎伦理的一种伦理关系。[2][3]婚姻伦理是调节婚姻关系和约束婚姻行为应遵循的道德准则，同时也是婚姻当事人缔结、维系、解除婚姻关系应遵循的行为规范。婚姻伦理分为广义婚姻伦理和狭义婚姻伦理，广义上是指婚前伦理、结婚伦理、夫妻伦理、离婚伦理、再婚伦理的总和，而狭义是指在婚姻关系持续期间，双方当事人应该遵循的伦理规范。

家庭实质是经济共同体，由亲子关系、亲属关系、夫妻关系构成。家庭是社会的细胞，具有人口再生、生产与消费、教育和文化传承等功能。家庭伦理是调整家庭人伦关系所应遵循的准则和规范，具有规范家庭行为，调节父母、夫妻、子女关系的功能，同时它根植于社会文化中，受社会经济、政治、文化等因素制约，同其他社会意识形态相互作用和相互影响。[4][5]

二、婚姻家庭伦理的发展和变化

婚姻家庭伦理是一个民族在自己的历史进程中形成的，为人们普遍遵守的有关夫妻、父母子女等亲属关系的价值、观念及行为准则。其内涵以人性为基础，与本民族文化传统密切相连，具有民族性、地域性和时代性。在不同民族、不同国家，以及同一国家的不同历史时期，其婚姻家庭伦理规范有不同的内涵[6]。

以我国婚姻家庭伦理的变迁为例，我国古代婚姻家庭伦理以儒家伦理观为思想基础。奴隶制时代的宗法观念认为，婚姻是人伦之始，西周时便有"同姓不婚"

---

[1] 冯友兰.中国哲学简史[M].北京：北京大学出版社，1995：24.
[2] 潘允康.家庭社会学[M].北京：中国审计出版社，2002：70.
[3] 童恩正.文化人类学[M].上海：上海人民出版社，1989：135.
[4] 张红艳.马克思恩格斯家庭伦理思想及其当代价值[M].南宁：广西师范大学出版社，2015：36.
[5] 姚峰.当代中国家庭问题和家庭复原力分析——以家庭伦理为考察脉络[J].九江学院学报（社会科学版），2017，36（4）：76-82.
[6] 薛宁兰.婚姻家庭法定位及其伦理内涵[J].江淮论坛，2015（6）：133-141，197.

的禁例（即禁止同一宗族内部的男女通婚）；父系家长之下子女的行为准则以"孝悌"为最高原则。到我国封建制时代，有关婚姻家庭的宗法伦理观念更加完备，以"亲亲""尊尊""长长""男女有别"为主要内容的"三纲"、男尊女卑、"三从四德"，是指引人们日常婚姻家庭观念与行为的核心原则。这些决定了由封建礼教和法律共同塑造的中国古代婚姻家庭制度的基本特征有三：男尊女卑，实行一夫一妻多妾制；男女婚姻包办强迫、不自由；家长专制，漠视子女利益。

中国传统婚姻家庭伦理具有积极作用，如严肃慎重对待婚姻与两性关系的态度。为了维护婚姻家庭的稳定和谐，需要对爱情的忠贞专一，对家庭承担责任和义务，恪守自尊、自爱、自珍、自重的人格操守。但同时也存在腐朽观念和消极影响。首先，是认为性欲为恶，性保守、性愚昧和性禁制压抑人正常生理需求。其次，以家世利益和父母之命为核心的婚姻与性道德，完全剥夺了青年男女的独立人格和自由择偶追求爱情的权利。再次，男尊女卑、男主女从的道德造成了封建家庭生活和社会生活中的男女不平等。不仅影响了女性的人格发展，而且纵容了男性的自私、独断、专权和淫欲，也影响了男性的人格健全与发展。

中华人民共和国成立后，中央政府颁布的第一部法律——《中华人民共和国婚姻法》（1950年）彻底废除以包办强迫、男尊女卑、漠视子女利益为特征的封建主义婚姻制度，确立了男女婚姻自由、一夫一妻、男女权利平等、保护妇女和子女合法权益的新民主主义婚姻制度，[1]从而为建立新型的婚姻家庭关系提供了法律保障。新型的社会主义婚姻家庭伦理以婚姻自由、一夫一妻为根本特征，以男女平等、相互尊重、尊老爱幼、相互帮助为核心，用民主平等的婚姻家庭关系取代了等级依附的传统婚姻家庭关系。

20世纪80年代以来，改革开放和市场经济的发展标志着我国社会结构真正从"传统"向"现代"转型———从封闭的、家国一体的宗法社会转向开放的、多元

---

[1] 刘素萍主编.婚姻法学参考资料［M］.北京：中国人民大学出版社，1989：48-55.

社会组织和社会利益群体共存的公民社会。[1]现代化浪潮推动中国社会体制与结构转型的同时，社会伦理与家庭伦理也经历着再造和重新定位的"洗礼"。当前，我国家庭关系趋向于规模小型化、结构核心化，兄弟姐妹关系日趋弱化，夫妻、亲子关系居主要地位。市场经济体制下的现代家庭伦理以"尊重家庭成员人格与个性，强调权利和义务的双向性，注重感情性和自律性；具备一定的宽容性"为基本特质。家庭伦理不仅以性伦理为基础，还与家庭功能紧密相关，其内涵包括：为实现家庭的生育功能，将夫妻性关系与家庭利益相结合，禁止乱伦，对人类自身生产进行规范；为实现家庭同居、教育、扶养等共同生活职能，要求家庭成员之间相互尊重、相亲相爱、敬老爱幼、无私奉献。

三、婚姻家庭伦理的价值

婚姻家庭伦理作为调节婚姻关系和婚姻行为的道德准则和行为规范，具有教育、规范、指导、认识、沟通和预测的作用和功能。主要体现在它的规范价值、评价价值、教育价值和预测价值。[2]

规范价值，是指婚姻家庭伦理与法律一样，对社会生活起到一定的规范和约束作用。不同的是婚姻伦理不具有强制性，它依靠婚姻当事人的意志、情感和信念来起到约束和规范作用。

评价价值，是指婚姻家庭伦理作为评价的标准，对婚姻家庭行为和利益进行是与非、损与益、善与恶的评价，具有衡量人们婚姻家庭行为和关系是否合乎道德的功能。

教育价值，是指通过肯定和否定两种方式对婚姻家庭起到教育作用。对合乎伦理的言行进行肯定、推广和保护，明确正确的方向，为其他社会成员的婚姻行为起到模范作用；对不合乎伦理的婚姻行为进行否定、削弱和谴责，对当事人施

---

[1] 李桂梅.中国传统家庭伦理的现代转向及其启示［J］.哲学研究，2011（4）：115.
[2] 王彦威.当代家庭伦理文化建设的机制分析［J］.长江丛刊，2020（12）：82-84.

加社会压力，并且进行教育，对其他社会成员予以警戒。

预测价值主要体现在两个方面。首先，人们依照婚姻伦理可以预测遵守或者违反某项婚姻伦理规范将出现的后果。其次，人们可以根据预测的结果来选择其行为，以达到保护婚姻家庭的目的。

四、婚姻家庭伦理的意义

婚姻家庭伦理源自人类维系自身繁衍和家庭和谐有序的内在需求，是个人成长、民族进步、社会和谐、国家发展的重要基点。

1. 安老抚幼，调节家庭关系

家庭伦理道德既是一种规范也是一种义务，它是使家庭成员获得情感满足的重要源泉，也是维系家庭和谐、幸福的重要精神支柱。现代人口老龄化问题凸显，小家庭、核心家庭的增多，留守儿童逐渐增多，老人在家庭中的地位权威减弱，个别老人由于失去了工作能力，甚至生活能力，晚景凄惨。我国社会逐渐完善相关政策，但赡养老人和照顾儿童的责任依旧由家庭主要承担。家庭是老人安享晚年的场所，是老人享受天伦之乐的归宿所在。中国传统文化以家庭为本位，历来就以"父慈子孝、兄友弟恭、夫和妻柔、姑慈妇听"等家庭道德规范来调节人们在婚姻家庭生活中的相互关系。

2. 培养人格，影响个人道德

家庭伦理对个人人格的塑造、道德心理的形成和发展、道德行为的规范等方面产生重要影响，对人们正确的人生观、道德观的培养也是至关重要的。一方面，家庭既是幼儿生命的摇篮，也是幼儿生理、心理发育与智力、品德启蒙教育的基地，是幼儿成长的第一环境；另一方面，家庭教育为个体成为一定的社会角色奠定了基础，其道德教育的成败会影响一个人的终身。正如苏联教育家马卡连柯指出的那样："家庭是最重要的地方，在家庭里，人初次向社会生活迈进。"

家庭承担着婚姻双方的人格再造和培养下一代合格公民的重任。婚姻中双方的人格相互影响相互促进，既是自身人格自我教育的新阶段，又是对子女教育的起点。传统社会中，婚姻家庭关系中片面强调女性对男性的绝对服从，晚辈对长辈的绝对服从，女性和晚辈是没有独立人格和个性的。而在今天婚姻家庭关系中男女平等，长幼平等，每个人都有自己独立的人格。男女双方长幼之间相互影响，相互促进，形成了新的、开放的"家风"和"家法"，承担教育人的责任。

儿童社会化首先是在家庭中进行的。虽然学校教育占有重要的地位，但由于家庭成员间的特殊关系，父母亲属通过耳濡目染，言传身教，能更直接、更有效地起到学校教育所难以起到的作用。反过来看，有的孩子失学、辍学，或打工，或流浪，多是父母未尽到责任，未承担起教育的义务所致。青少年犯罪的一个主要原因也是由于家庭教育不力。因此我国大力提倡"家风"教育，促进发展婚姻家庭教育和咨询。

3. 幸福家庭，促进社会和谐发展

家庭与社会这两个系统无时无刻不处在相互依赖、相互沟通和相互作用的互动状态中。家庭伦理不只作用于家庭，它对和谐社会的建设也起着特殊的作用。没有家庭的和谐与稳定，就没有社会的发展、安全与稳定。在现代社会，家庭是家庭成员休养生息的场所。现代社会由于紧张多变的生活节奏、复杂尖锐的人际关系，家庭作为一个避风港、安乐窝的价值更为突出，使人们疲惫的身体有个喘息的地方，精神有个栖息的场所，为家庭成员从事社会活动提供强大的精神动力。

若家庭不和，必然影响人们的工作和学习。现代社会中，离婚率增高，婚外恋情增多，造成了婚姻危机和家庭矛盾以及一些社会问题，从反面说明了家庭和谐幸福的价值所在。家庭和谐幸福的基础是爱情、亲情和义务的统一，只讲义务，没有爱情和亲情就可能只和谐而不幸福或根本不会和谐幸福。反之，如若只有所谓的爱情和亲情，不讲义务就会使情分流于空谈。所谓"家和万事兴"，无论哪一个历史时期，家庭的稳定和健康发展，都有益于社会的安定，有益于民族的兴旺，

有益于经济的发展，有益于文化的普及提高。因此，家庭道德是社会稳定的保障，是关系到整个社会安定团结与文明进步的重要环节。

第二节　当代婚姻家庭伦理的现状、问题和促进措施

进入21世纪，我国婚姻家庭领域出现了一些新的走向和趋势，同时也引发了诸多矛盾和冲突，随着社会进步，婚恋观念变迁，婚姻伦理也在发生着质的变化，并体现出婚姻伦理与特定社会背景、特定文化习俗相呼应的特征。深入了解婚姻家庭的伦理知识，学会应对和处理婚姻家庭领域中出现的一些问题，不仅关系到每个人的切身利益，关系到每个家庭的幸福美满，而且关系到整个社会的稳定和团结，关系到社会主义和谐社会的构建。

一、当代婚姻家庭伦理的现状

首先，夫妻平权，家庭关系开放平等化。传统社会中，婚姻家庭关系中片面强调女性对男性的绝对服从，晚辈对长辈的绝对服从，女性和晚辈是没有独立人格和个性的。自改革开放以来，随着经济快速发展，女性受教育水平提升，大量女性就业参加工作，经济地位独立，思想进一步解放，平等意识进一步增强。现代婚姻家庭中的男女都具有民主平等地位。女性不再甘于承担大部分家庭事务，在实际生活中更多地要求丈夫与自己一起平等管理家庭经济、共同养育孩子，合理分配家务劳动，更加注重情感的交流与互动。男女平等已成为家庭生活的发展趋势。越来越多的人认识到，男女平等对于提高婚姻家庭生活质量至关重要，并因此而增强了追求男女平等的自觉性。当今我国婚姻家庭关系中提倡男女平等，长幼平等，每个人都有自己独立的人格，丈夫也可以服从妻子，长辈也可以服从晚辈。这种服从是对知识、能力和品德的信服，不是对夫权和父权、年龄和资历的服从。男女双方长幼之间相互影响，相互促进，形成了新的开放平等的家庭关系。

其次，女性生育意愿自主性增强，多持少子化观念。几千年来，中国封建文化主张妇女多生孩子，为家族传宗接代。这种封建的生育观鼓吹重男轻女，养儿防老，多子多福等观念，随着经济的快速发展和社会的进步，传统生育观被"提高生育质量、少生、优生、优育，提高人口素质"的生育观取代。但随着我国计划生育政策长期实行，人口危机渐行渐近，近年出生人口大幅减少，生育意愿大幅降低，生育率走向低迷，育龄妇女规模已见顶下滑，全面二孩效应消退，出生人口即将大幅下滑，劳动力萎缩，剩男问题严峻，人口老龄化加速到来。[①]针对生育低迷现象，国家出台开放三孩政策，并加强社会保障促进生育意愿和解决生育养育问题。而现代女性自我意识觉醒，学习工作独立自主，注重个人成长和职场发展。同时社会生活压力大，高房价负担增加生育教育成本，婚姻感情不稳定性导致女性恐婚、恐孕。综合内外诸多因素，当代很多女性有了较为理性的生育思考，生男生女都一样，并持少子化生育观念，甚至选择"丁克"，生育自主性增强[②]。

再次，婚恋关系多元化，婚姻情感需求增高包容度降低，男女责任重心不同。随着改革开放经济发展，西方文化传入中国，社会生活开放化，地域流动性增加，我国婚恋呈现多元化发展。青年婚恋自主意识增强，同居不婚、试婚、隐婚、闪婚、闪离现象逐渐增加。社会对婚恋态度包容增强，离婚不再被视为丑闻，而是两性之间开始新生活的一个正常选择。传统社会，人们到了适婚年龄就会嫁娶。现在经济发达，人们在婚姻中的自主性和个性变强，"以人为中心"的观念增强，主张夫妻之间的经济要平等，人格要平等，婚姻生活要平等，追求婚姻关系中的爱情、陪伴和支持。感情与义务、情爱与责任的统一逐渐成为人们的理性选择和衡量婚姻质量的主要标准。在人们追求更高质量婚姻的同时，对婚姻矛盾的包容

---

① 任泽平，熊柴，周哲.中国生育报告2019[J].发展研究，2019（6）：20-40.
② 郝海波.婚姻制度神圣性消解及其负面效应——基于婚姻解体和人口危机的反思[J].湖北社会科学，2021（7）：52-59.

度也在下降，家务问题、育儿冲突、婆媳关系问题等都是导致婚姻危机和解体的导火索。现代婚姻家庭中男女责任重心不同。虽然家庭经济负担重，男女需要共同负担经济，但男性责任重心多放在事业上，女性为家庭和孩子养育教育付出更多心血[1]。

最后，亲代关系向子代倾斜，成年后亲子关系疏离化。现代社会随着家庭的小型化和核心化，家庭内部关系更为平等，夫妻与亲子关系更紧密，代际关系的重心迅速下移，并严重向下倾斜。传统社会的家庭中心是老年人，而现代家庭的代际重心几乎无一例外的都是孩子。普遍的社会现象是亲代对子代有极大的付出。反之，子代对亲代的赡养、照料和慰藉却是越来越少，甚至出现了部分不敬、不尊、不养，或者有养无敬、有养无爱的情况。同时随着当代中国家庭变迁，子女因受教育成家立业，多与父母分居别住甚至远隔异地，传统家庭关系联系弱化，空巢老人、空巢青年增加，成年后的亲子关系出现了一种疏离的倾向[2]。当代这种家庭伦理格局，更多的是与经济和地域因素相关[3]。代际关系的倾斜使中国传统的家庭养老功能受到严重的冲击，由此还会影响到社会的稳定。代际关系的倾斜还对年轻一代的社会化不利，它不利于培养出具有健全人格的年轻一代[4]。

二、当代中国家庭伦理存在的主要问题

1.婚姻稳定性下降

婚姻家庭关系的稳定性在下降，主要表现为离婚率不断上升且年龄趋向于多层次化。一方面，我国正处于社会主义市场经济体制的转型时期，经济体制的转型，会给人们在思想观念、价值体系、生活方式等方面带来一定影响。人们易把经济中的求利原则应用到婚姻家庭中，而这必然会对道德行为产生负面效应。另

---

[1] 马春华，石金群，李银河，王震宇，唐灿.中国城市家庭变迁的趋势和最新发现[J].社会学研究，2011（2）：182.
[2] 杨菊华，何炤华.社会转型过程中家庭的变迁与延续[J].人口研究，2014（2）：36.
[3] 亨利·梅因.古代法[M].沈景一，译.北京：商务印书馆，1996：111.
[4] 马春华，石金群，李银河，王震宇，唐灿.中国城市家庭变迁的趋势和最新发现[J].社会学研究，2011（2）：182.

一方面，家庭本位让位给个人本位。在家庭生活中，人们越来越表现独立性。"个性化"的追求使夫妻双方在具体的某件事上难以相互协调，不愿迁就彼此，使得婚姻家庭关系变得紧张。

除离婚以外，婚姻家庭关系稳定性下降还表现在关系趋于开放，非婚同居、婚外情增多而引起的离婚现象的增多。这种状况一方面含有社会进步、妇女地位提高的积极因素；另一方面，过高的离婚率也对社会的稳定造成了一定的消极影响。造成离婚的原因是多方面的，但是某些人违反家庭伦理道德，无疑是导致婚姻关系破裂的重要根源。在现代化浪潮的推动下，我国婚姻家庭关系的不稳定性带来了单亲家庭、赡养老人、教育儿童等一系列棘手的社会问题。

2. 子女教育问题出现偏差

在家庭中如何对待子女，是一个有着深刻伦理内涵的问题。我国青少年以独生子女为主，二胎家庭为辅。相当一部分家长对子女的教育存在过分溺爱、一味娇宠的现象。父母对子女重智力开发轻能力培养，重物质需求轻道德教育，重言教轻身教。忽略了对子女品德素质的教育，造成子女以自我为中心，独立生活能力和适应社会能力差，缺少爱心和责任感。此外，由于地域经济发展不平等，大量农民工进城发展工作，孩子多与祖辈生活，成为留守儿童。在长期缺乏父母的正确家庭指导下，留守儿童多有上网游戏成瘾，心理问题严重。另外，有些父母自身的思想素质偏低，没能给子女树立好的榜样，对孩子又疏于管理，导致孩子走上犯罪的道路。

3. 老人赡养权益得不到保障

近年来，老人状告子女不尽赡养义务的案件逐年增多。一方面，是因为国家的法律逐渐健全，老人的法律意识在逐年增强；另一方面，也反映出在当今社会中，子女不赡养老人的现象确实十分常见。而且，随着现代社会竞争压力的不断增大，很多子女并不与老人一起生活，而是独立在外生活工作，这就导致了另外一种现象的出现，就是"精神赡养问题"。现在有很多老人都是独居，子女常年在外，虽然按时支付生活费用，但是却从不看望老人，使老人感到寂寞、精神生活空虚。针对此种现象，我国在2012年修订的《中华人民共和国老年人权益保障法》的第十八条明确规定："家庭成员应当关心老年人的精神需求，不得忽视、冷落老年人。与老年人分开居住的家庭成员，应当经常看望或者问候老年人。用人单位应当按照国家有关规定保障赡养人探亲休假的权利。"

婚姻家庭伦理问题是社会共同的问题，面对恋爱婚姻困局、离婚率攀升、青少年成长危机、老人赡养问题等现象，许多人产生了困惑和忧虑。婚姻家庭问题的困扰，会严重影响个人成长、家庭幸福，进而影响社会安定。

婚姻家庭伦理源自人类维系自身繁衍和家庭和谐有序的内在需求，是个人成长、民族进步、社会和谐、国家发展的重要基点。在当代中国，婚姻家庭伦理以亲属间互敬互爱、相互扶助、无私奉献为原则，蕴含着尊重生命、禁止乱伦、平等与尊严、敬老爱幼、适度的个人自由等内涵。

三、促进当代婚姻家庭伦理发展的措施

1.建立公正健康的社会舆论氛围

公正健康的社会舆论直接影响着家庭成员的行为，对家庭成员的行为起着引导、制约作用。因此，要营造有利于家庭伦理道德建设的社会舆论氛围，大力宣传社会主义的家庭伦理道德。要坚持正面宣传为主，牢牢把握正确舆论导向，旗帜鲜明地宣传见义勇为、孝敬老人、恩爱夫妻、教子有方的先进典型及他们的家庭道德观念，谴责不道德的家庭生活观念和行为，为市场经济条件下社会主义家庭伦理道德的形成完善提供健康向上的舆论环境。

2.将家庭伦理道德建设融入学校教育体系

学校是教书育人的地方，也是进行系统家庭伦理教育的重要阵地，而在当今学生中出现的奢侈浪费、不孝敬父母、父母与子女关系紧张等现象，体现出当代学生普遍缺乏家庭责任感，因此在学校中进行家庭伦理道德教育非常必要。让家

庭伦理道德教育进入课堂，定期举行以培养和塑造学生品德为目的的家风、家规、家貌等活动，以便使孩子们在学习、活动中提高自身道德素质。

3. 充分体现法律在家庭伦理道德方面的作用

法律是强制手段，和谐的家庭道德关系建设离不开法律的规范，当道德与舆论的压力不起作用的时候，只能运用法律手段对人们的行为予以规范，因此法制建设是推动家庭伦理关系建设的保障。面对闪婚闪离、婚外恋、养情人及离婚后夫妻财产的分割等问题，国家再一次修订了婚姻法，让婚姻受到更好的法律保护。2021年出台的《中华人民共和国民法典》在之前《中华人民共和国婚姻法》的基础上进行了大范围的修改，增加了离婚冷静期；增加夫妻之间的忠实和尊重；界定了夫妻财产范围；增补与修正离婚制度、亲子关系、收养制度和救助措施与法律责任，体现现代婚姻伦理观念，具有很大的社会进步意义[1]。

提高人们的法律意识，消除影响家庭伦理关系的失范行为，就要做到加强法制宣传、教育工作，大力弘扬正气，在全社会形成遵纪守法的氛围。增强家庭成员的法制观念，提高家庭成员运用法律手段维护自身权益的意识。依照法律规定对违反家庭伦理关系的行为严加惩罚，充分体现法律在调节家庭伦理关系中的作用。

4. 大力发展婚姻家庭咨询与辅导机构

针对婚姻家庭伦理问题，许多发达国家和地区都有各种专业的婚姻家庭咨询与辅导机构，为在恋爱、婚姻、家庭生活中遇到各种问题的求助者及时提供咨询服务，有效地帮助人们解除各种困扰。因此，在我国，大力发展专门的婚姻家庭咨询业务的规范化培训，提高从业人员的素质，建立健全行业规范，提高婚姻家庭咨询服务水平，促进和谐家庭的建设，具有十分重要的意义。

---

[1] 唐凯麟，王燕. 当代婚姻家庭矛盾及其对策的实证研究［J］. 伦理学研究，2019（6）：130-138.

第三节　树立良好家风

婚姻家庭伦理问题是社会共同的问题，面对恋爱挫折、婚姻动荡、离婚率攀升、家庭暴力、青少年成长危机等现象，许多人产生了困惑和忧虑。婚姻家庭问题的困扰会严重影响个人成长、家庭幸福，进而影响社会安定。纵观中国人深层的婚姻家庭伦理观念，虽然时代变迁带来积极变化，但不良现象影响着婚姻家庭的稳定和幸福。这时反观我国传统的婚姻家庭伦理，树立良好家风对家庭教育有积极作用，可以借鉴解决当代婚姻家庭伦理观念的冲突和问题[1][2]。

一、良好家风的内涵

"家风"是一个家族世代相传并继承发展的家庭氛围，是家庭成员共同的信念、风格与习惯。家风是长期形成指引精神意识的规范和观念，在家庭教育、家庭文化、品德、行为方式等方面意义重大[3]。良好家风是中华民族几千年来的价值取向和精神追求的浓缩，具有正向引导作用，在困难时激励人奋进，在安逸时提醒人保持谦虚清醒。

良好家风包括崇德向善、忠孝仁义、正直勇敢、温良恭俭、崇和尚合等价值理念，强调以德立身、爱国奉献，爱老慈幼、仁爱和睦，谦恭礼让、好学求知，诚实守信、言行一致，勤俭持家、洁身自律等处事准则和态度[4]。

---

[1] 李维伦.作为伦理行动的心理治疗［J］.本土心理学研究，2004（12）：359.
[2] 姚峰.当代中国家庭问题和家庭复原力分析——以家庭伦理为考察脉络［J］.九江学院学报（社会科学版），2017，36（4）：76-82.
[3] 朱云叶，姚玉香.中国传统家风的核心意蕴及传承方式［J］.教育观察，2021，10（43）：76-79.
[4] 王敏.以良好家风建设促进社会主义核心价值观培育研究［D］.兰州：兰州理工大学，2021.

二、家风的核心思想和内容

2017年，中共中央办公厅、国务院办公厅发布的《关于实施中华优秀传统文化传承发展工程的意见》指出，要"挖掘和整理家训、家书文化，用优良的家风家教培育青少年"[1]。纵观千古家风，"勤""俭""孝""忠"都是家规家训中必不可少的内容，包括父慈子孝、夫义妇顺、兄友弟恭、友邻爱众、勤俭节约、齐家兴国、家国一体、重德守礼、谦虚谨慎、戒骄戒躁等众多内容。中国传统家风的核心思想主要有孝悌、友善、立品、治学、节俭等方面。

1. 孝悌：孝敬奉长

中国古代的传统家风将"孝"作为家庭道德教育的首要内容，把"孝悌"看作子女品德教育的根本，明确了尊敬父母的行为标准。随着时代的发展，父母与子女相处的模式已经发生转变，传统的"父为子纲"的思想虽有其弊病，但"孝敬尊长"的传统依旧值得传承和弘扬。

2. 友善：兄友弟恭

"悌"是兄弟间互相爱护和尊重，即兄长要爱护弟弟，弟弟也要敬重兄长[2]。《曾国藩家书》认为兄弟姐妹之间要"德业相劝，过失相规，期于彼此有成就"[3]，要互相扶持、和谐相处。"兄友弟恭"是中国传统家风的内在要求之一，在我国三胎多子化背景下能解决部分家庭教育问题，更好地促进家庭和谐，提升家庭幸福感。

3. 立品：育德为先

在传统儒家思想中，修养高尚的道德是至关重要的，孔子认为"立德"是人

---

[1] 中共中央办公厅，国务院办公厅.关于实施中华优秀传统文化传承发展工程的意见[R].中华人民共和国国务院公报，2017（6）：18-23.
[2] 王永祥.儒家家庭教育思想研究[D].兰州：兰州大学，2017：3-4.
[3] 文德.曾国藩全书[M].北京：中国华侨出版社，2013：8-12，256-410.

生最高位，是君子之道、治国之道[①]。传统的家庭教育注重品德的教育与人格的完善。曾国藩格外看重品格塑造，"吾人只有进德、修业两事靠得住"，认为进德是修业、财富之首，"以仁义之心待人，人以仁义馈赠"等处事之道。立德树人自古以来就是我国家庭教育、学校或社会教育中不可或缺的一部分。

4.治学：博学精思

"治学"是中国传统家风的基本内容，古人崇尚治学应博学精思，学习知识的目的不在于做官，而在于读书明理，成为一名有道德的君子。为了更好地秉持终身学习的观念，父母应学习和发扬传统家风的治学之道，建立起学习型家庭，以身作则，为子女做出正向的引导和熏陶，发挥榜样示范的作用。

5.节俭：守俭奉廉

在如今经济发展迅速、物质生活水平极大提高的社会背景下，铺张浪费的现象屡见不鲜，物欲发达使人们容易沉溺于过度消费导致家庭困境。"节俭"是传统家风文化的重要内容之一，"居家之道，唯崇俭可以长久"。婚姻家庭教育中，父母应承担以身作则、勤劳节俭的生活态度，从小培育孩子厉行节俭的意识。

三、树立良好家风的意义

天下之本在国，国之本在家。从家庭承担的多方面的社会职能可以看出，人们的家庭生活与社会生活有着千丝万缕的联系，正确对待和处理家庭问题，共同培养和发展夫妻爱情、长幼亲情、邻里友情，不仅关系到每一个家庭的美满幸福，还有利于社会的安定团结。

首先，树立良好家风促进家庭道德建设，培养良好社会风气。家庭是人们的依靠，是人们生活的沃土，人格与道德的培养更多地依靠于家庭。儒家文化非常注重家庭道德与人格修养，中心思想为"孝、悌、忠、信、礼、仪"，皆与品

[①] 王莹.孔子孝悌思想与当代家风建设研究［J］.长春理工大学学报（社会科学版），2020（5）：57-59，65.

德相关[1]。传统家风的道德观念和发展目标与当代的道德思维范畴是一致的，优秀的传统家风的核心是构建优质的家庭生活方式、和谐的家庭成员关系和优良的行为处事准则[2]。良好的家风可以促进良好社会风气的形成，不但制约着社会公德的发展水平及稳定程度，而且对职业道德、个人品德的形成也会产生极大的影响。

其次，树立良好家风建设优良学习习惯，能促进家庭成员身心健康。传统家风大多注重培养学习习惯。儒家提倡的家风建设的首要内容为"学诗、学礼""有文化，知礼仪"。新时代家风建设为子女建立优良的家庭学风，形成良好的家庭学习氛围，潜移默化的教育对家庭成员以及子孙后代起着不可估量的作用。优良家风是精神财富，能促进家庭成员身心健康、热爱学习、乐于献身事业。

再次，树立良好家风能促进个人事业发展，提升民族文化自信。优良家风所蕴含的爱家爱国的家国情怀、崇廉奉公的高尚节操、虚心忠义的处事准则、勤俭好学的生活态度等，不仅是促进个人成就事业发展的坚强后盾，也是中国富强发展的民族文化和动力源泉。

四、良好家风的形成条件

中华民族从来都是重视良好家风建设的民族，并且讲求耕读传家。随着社会政治、经济、文化的发展，家风也会随之做出相应调整，随着历史的发展而发展。良好家风具有传承性，在不同的历史时期展现的风貌也不相同，但其向上向善的本质不会改变。古代孔子开创儒学，"崇儒重道、好礼尚德、务要读书明理"的祖训奠定了中国式家风家教道德信仰的根基。良好家风形成条件有两个方面。

第一，个人要有强烈的家庭责任感。家庭与社会密不可分，因此，一个有社会责任感的人，就应当具有家庭责任感。要真正懂得家庭在社会中占有的重要地

---

[1] 孟瑞华.传统家风的文化意涵与当代教育价值[J].中国成人教育，2019（11）：24-27.
[2] 程英.优秀传统家训家风的当代价值及其彰显路径[D].西安：陕西师范大学，2018：32-34.

位和作用，千方百计去培育良好的家风。

第二，家长要以身作则、言传身教。家长的言行对子女有耳濡目染的熏陶作用，这种潜移默化的影响是树立良好家风的基本方式之一。家长必须严格要求自己，努力树立起追求理想、民主平等、勤奋好学、团结和睦、讲究卫生的良好形象，以形成良好的家风。

第七章

性与婚姻

第一节　性和婚姻的关系

在东方文化中，特别是中国人的礼教传统里，"性"是很忌讳的话题，似乎性是很羞耻的一件事，是不可以提出来的。现如今人们不再"谈性色变"，但不可否认的是，性仍是人们比较讳莫如深的话题。其实性是婚姻生活中非常重要的一部分，如果不能正确地认识"性"在婚姻生活中的重要角色，在经营婚姻幸福上是事倍功半的。

一、人类性行为的基本属性和本质

人类性行为是在性生理发育的基础上，为社会条件所制约，能获得性满足和性快感的一种较为特殊的身心过程和行为。

1. 人类性行为的自然属性和社会属性

人类性行为的自然属性是动物本能的属性，是维护种族生存的必需。人类进入青春期以后，脑垂体性腺激素分泌增加，促使性腺分泌激素，从而引起人体内部性激素增加，这种人体内部生理条件的变化就产生性本能冲动，而引起性欲。这是延续后代所必需的条件和要求，绝不是什么邪恶的东西。古人道："食色，性也"，就是说性的需求与吃饭的需求一样，都是人类的天性、本能，是自然属性。

性行为是人类繁衍种族的一种本能，但人类的性行为并不是孤立的一个人的行为，一般反映为异性间的性关系，这种性关系则属于一种社会行为，受一定的社会文化发展条件所制约，受伦理道德和法律规范所约束。性道德规范就是人类性行为社会属性的表现。

2.人类性行为的本质

人类的性与其他动物的区别就在于它的社会性，社会属性是人类性行为的本质，这集中表现在以下几个方面。

（1）人类性行为是一种社会文化现象

各个社会、各个时代都有不同的性道德观念，从原始社会的性禁忌、奴隶社会和封建社会男性对女性的压迫，到资本主义社会的个性解放和自由，人类的性道德随着社会的发展而变化。现代人的性行为受意志的支配，能认识、预见和按一定的目的调整自己的行为。例如，接受科学知识指导（性卫生知识、优生优育、避孕节育等），遵循婚姻性爱原则：一是婚姻为两性关系合法的前提；二是性爱在男女间具有对等性、专一性、排他性和强烈持久性；三是性爱是权利与义务相统一的双向过程。

（2）人类性行为的目的取决于人的社会需要

人类性行为的目的是有不同层次的，有的是出于生育的目的，为了传宗接代；有的是出于政治目的，如古代的"和亲"；有的是出自经济目的，如想嫁个有钱人，最赤裸裸的是卖淫；还有人是出自炫耀自己，如旧时大地主、大官僚"妻妾成群"，以示自己的富有显赫。这些形形色色的性行为都属于一种社会需要，实际上是社会现象的折射。

（3）人类性行为会改变社会关系，影响社会原有的秩序

人类性行为受社会制约，同时又会反过来影响社会。费孝通先生在《生育制度》一书中指出："性可以扰乱社会结构，破坏社会身份，解散社会团体。"正因为这样，任何社会为了维护正常秩序，对人们的性行为都会加以控制，即对性行为有明确的道德和法制规范。人们强调性行为的社会属性，其意义在于使人们认

识到性不仅仅是个人私欲，还是一种社会行为，要对社会负责，要接受社会的正确引导。这是把握性本质的一个出发点。

二、婚姻家庭与性的关系

在家庭中夫和妻是两种角色和身份，通过夫妻互动的性行为，产生了新的一代，有了亲子关系，形成了完整意义上的家庭结构，即"家庭三角"，社会学家费孝通先生称这个三角是"社会结构中的基本三角"。

1.婚姻具有规范人们性行为的功能

自从人类脱离动物以来，就一直用婚姻对自己的性行为的动物性加以制约，从限制不同辈分两性关系的血缘群婚、禁止氏族内同胞兄弟姐妹之间婚姻的族外婚，到文明社会的一夫一妻制，无不表明社会对两性关系的调控和人类婚姻的规范化状态。婚姻是人类迄今为止为满足自身性生活而采用的合法化规范化的方式，是性生活美满的最佳途径，今天世界绝大多数民族都坚持一夫一妻制的婚姻形式。

一夫一妻制把性行为规范在夫妻关系内，使两性关系具有了排群、排类、排他性，为后代的抚育和人类社会的健康稳定发展奠定了基础。随着社会的进步，人类的性行为已不再是简单的自然冲动和生理过程，已越来越多地渗入了社会文化和心理的内容，带有明确的动机性和目的性。

2.夫妻性生活在婚姻中占有重要地位

在一夫一妻制中，夫妻性爱是十分神圣的，是夫妻感情的最高表现形式。性生活是一种最简单的但同时又是最重要的一种交流方式。当夫妻在享受愉悦的性生活时，他们同时在交流着大量的信息，这种极为亲密的交流，使得夫妻能够表达出他们心中许多根本无法用言语来表达的那种爱恋和关怀。夫妻性生活状态如何，直接影响他们的感情关系，性生活和谐、融合、男欢女悦、鸾凤和鸣，会使夫妻感情升华，产生一种特别的亲密感和信任感，形成相互之间的依恋。相反，双方在性生活中都感到不满足，得不到快乐，往往会使感情发生隔阂，产生矛盾，甚至有可能导致婚姻危机。有学者在民政部门调查发现，三分之一的离婚案由性生活不和谐引起。

3. 婚姻与性的复杂性

汉字"性"是由两个部分组成的，竖心旁"忄"（心）和"生"（身）。意思非常明显，就是"性"是由心理（情绪、感情）和生理（身体）所组成，一个美好的性关系一定是有爱情的吸引和身体需要两个部分的合一，缺一不可，夫妻性生活的和谐是性与爱相结合的产物。性生活、爱情和婚姻三者完美结合的状况是大多数中国人的理想，但现实生活中，人类性行为却有多种多样的表现，如婚内的、婚外的，正常健康的、违法犯罪的，常态的、变态的。继而产生出各种社会性问题，如包办买卖婚姻、卖淫嫖娼、重婚纳妾、未婚先孕、婚外性行为、性异常、性虐待、性犯罪等。这些既有生物学方面的问题，又有心理学和社会学方面的问题，而更复杂的、更为深层的是历史的、科学的、社会的等多方面的问题。

第二节　当代中国家庭中的性变革

一个社会主流的性观念、性现状从来不会是孤立存在的，它注定与这个社会当时的政治、经济、文化紧密联系在一起。1978年以来，在中国发生剧变的40多年间，性的变革与中国改革开放的发展、与社会经济文化的转型一直紧密相连。而性的变革，又首先表现在家庭中，并且对家庭关系产生了重要的冲击。

一、20世纪80年代：婚内性高潮的权利

20世纪80年代是中国社会发生巨变的10年，这10年间性的变革虽然没有后来20世纪90年代的变革那样剧烈且多戏剧性，但已经为后来的变革铺平了道路。

这其中，最为抢眼、对国民影响最大的，应该是对婚内性权利的重视与追求。婚内性权利的概念，对中国人来说一直非常遥远，而在20世纪80年代之前的几十年，性更是一个几乎完全禁忌的话题，人们只能做不能说，甚至"做"也是有着统一化模式的"做"，主流社会将任何性行为的"越轨"都视为"流氓"。

1980年新的《中华人民共和国婚姻法》颁布，其中离婚的必要条件被修改为：第一，双方感情确已破裂；第二，经调解无效。这使得中国一跃而成为世界上奉行自由离婚的领先国家（美国各州到1971年才过半奉行，英国则是1973年才通过）。1981年，中国开始推行独生子女政策，使得避孕和流产合法化，同时人们开始正面思考性的目标不为生育了，又是为什么？性是为了快乐的认识这时开始抬头。这个时期性知识的科普文章主要集中在如何获得性高潮上。对于绝大多数的中国人来说，这是第一次听到"性高潮"这个词，人们开始认识到，性生活对于婚姻是必要的，没有性生活的婚姻是不正常的，而且理想的性生活应该是包含性高潮的。据调查，以性生活失调及不育作为离婚理由的，在20世纪50年代仅占1%，20世纪80年代为14%[1]。李银河与冯小双在1988—1990年对于北京地区的离婚调查结果也显示，因性生活不和谐而离婚的占到34.4%，这个数字已与性格不合（34.6%）、婚后一方或双方有过失（35.7%）的比例不相上下[2]。至此，对性高潮、性权利的维护已经成为婚姻关系中的一部分了，而此后二十几年这种趋势仍在扩大。

当对性快乐的追求被普遍认可之时，新的问题就自然而然地发生了：如果不能够从婚姻中获得快乐，又不愿意仅仅因为性不够快乐就结束婚姻，那该如何做呢？婚外性浮出了水面。婚外性一度被视为资本主义的特征，是资本主义的毒瘤，被严厉打击。宾馆旅店严格的结婚证登记、查房制度，居委会监视的非法同居，也是针对婚外性的严格控制。而对于"极端"的婚外性行为，如"聚众淫乱"、交

---

[1]　徐安琪.我国城市婚姻的现状及其趋势［J］.社会学研究，1991（3）：41-47.
[2]　李银河，冯小双.对北京部分离婚者的调查［J］.社会学研究，1991（5）：93-100.

换伴侣一律严厉打击，但到了20世90年代，这种对婚外性的严厉打击不得不解体了。

二、20世纪90年代：性观念更迭

婚外性在20世纪80年代一直处于萌芽状态，但到了20世纪90年代，特别是20世纪90年代中后期，已经成为公认的社会现象，民众对婚外性的观念发生重大转变，开始宽容和接受。通过观察针对婚外性行为与性伙伴的词汇的变化，便可以看出这种观念的变化。20世纪80年代之前，对婚外性行为的主要称谓有"通奸""偷情""养汉"等；20世纪80年代中后期，"第三者"成为时尚语汇；"婚外恋"从20世纪80年代末开始被使用，到20世纪90年代早中期最为流行，"外遇"是20世纪90年代末期开始走强的词汇，而更具浪漫色彩的"情人"这时也开始流行。语言是思想的载体，同时又表现着思想的内核，大众语言的变迁透露出时代的差异与观念的更迭。"婚外恋"的出现取消了价值评判，变为一种事件的客观陈述，但其关注的主体仍是婚姻，强调的是"婚姻之外"。"外遇"一词的普遍使用则意味着中国人两性观念革命性的变革，虽然仍谈及"外"，但开始摆脱婚姻的视角，更多关注的是"遇"，即经历本身。婚外男女情爱与性爱开始被作为一个独立的现象进行观察，婚姻只不过作为背景提及，而不再是唯一的、绝对的出发点，它实际上潜藏着一种宽容的伦理观念。

20世纪90年代，家庭中关于性的状态的另一个重要的变化，就是性教育观念的变化。直到20世纪80年代，针对孩子的性教育，在家庭中几乎完全没有。当孩子问起诸如"我是从哪里来的"这样的话题时，那个时代的流行回答仍然是"从石头缝里蹦出来的""路上捡来的"。1988年，原国家教育委员会、卫生部和国家计划生育委员会发出关于在中学开展青春期教育的通知。1990年，原国家教育委员会和卫生部规定，普通高等院校要开设性健康教育选修课或讲座。与此同时，针对父母对孩子正确进行性教育的呼声也不断提高。性教育不仅是学校和老师的责任，更是家长的责任。越来越多的学者开始倡导开明、正视、坦率、真诚的家庭性教育。对性教育紧迫性的认知与观念的普及，与此时出现的青少年性问题有着很大关系。20世纪90年代中后期开始显现出来的性革命浪潮也快速地影响到了未成年人。同时，互联网开始普及，各种关于性的资讯迅速进入我们的生活，这对未成年人造成了重要影响。中学生早恋、少女怀孕、堕胎、未婚同居等现象开始普遍，使许多为人父母者认识到性教育的重要性。

三、21世纪：性娱乐观的普及

21世纪初，中国家庭中的性变革用"激烈与激进"来形容似不为过。在20世纪八九十年代，性革命的主流仍然是正视、强调、追求性高潮，这大都是在婚姻内部完成的。而到了21世纪，性革命的主流已经变为追求和捍卫性权利了，这就已经超出了婚姻的范畴，是在更高层次的人权基础上的性权利。性学家赵合俊提出"性人权"这样一个名词，并且指出性人权是作为性存在的每个人都平等享有和应当平等享有的性权利。如果性是婚姻内权利，配偶间强迫发生性行为就可以接受了，婚内强奸说就不存在了。如果性是人权，丈夫强迫妻子发生性关系，就侵犯了她作为人的权利。性人权的提出，实际上是对性的多元选择的支持。

性人权与性道德的关系是，性人权是性道德的基础，对性道德的评价以性人权为转移。维护性人权的性道德就是性道德，危害性人权的性道德就是伪性道德。性人权概念的提出不是偶然的，它是与社会上新兴的性价值观紧密结合的。人类史上有三种主要的性价值观：以生殖为导向的性，以爱情为导向的性和以娱乐为导向的性。

性的娱乐用品在21世纪终于走上了台面。20世纪80年代时，对要不要开放性保健用品商店争论很大，还曾经有性用品经销商被以传播淫秽色情物品的名义受到法律惩处。但到了20世纪90年代，成人性保健用品店已经开始在城市中普及。2003年，第一届全国性文化节在广州举办，之后，上海、深圳等多个城市都开始举办性文化节,这些性文化节几乎都已经成为大张旗鼓地推销成人性用品的展销会。对于成人性用品的态度,也有不同的看法。有学者认为,本来就不应该用,但这种观点在21世纪已经很少了。最保守的流行观点是,应该在夫妻之间,性生活有障碍的时候用。中等程度保守的观点是,只要是夫妻用就可以,不一定性生活有障碍。但有最开明的观点,则主张谁都可以用,不仅配偶情侣用,一个人也可以用,甚至不一定作为性生活的补充,而可以独立成为性生活的主体。甚至有学者主张:"让性用品成为日用品!"这其实是在强调性用品调情助性的功能,而背后的价值观是性的娱乐主义。性用品普及的背后,消费主义、商业大潮所起的推动作用不容小觑。同样由消费主义和商业推动的还有各种壮阳药。"伟哥"在1998年最初进入中国后,已有数百种中国的"壮阳保健品"在市场上流行。性娱乐价值观的普及既可以丰富、提升传统婚姻中的性生活乐趣与质量的追求,也对传统婚姻构成威胁。

过去40年,中国社会的主题是变革与社会转型。而家庭中的性,也是处于这种变革与转型之下的。总体而言,社会转型造成了国家权力对私人权利的干涉减少,个人权利逐步扩大,而这进一步促进了性的多元化。展望未来,虽然我们无法预期会有什么具体的变化出现,但我们可以坚定地预言:人们对性将抱持越来越开放的态度,这种开放包括对自己性权利的捍卫与追求,包括针对未成年人性教育的开放与多元,包括对性在家庭关系中的重要性的认识与维护。

第三节 当代中国婚姻性状况分析

性是社会的,也是生理的和心理的。性医学、性心理学与性社会学专家一致认为,如果大众了解更多的性知识与性健康,能够促进人们的生活质量与婚姻质量的提高,有利于维护家庭稳定,丰富社会文化。近年来在中国性学会指导下完成的《中国男性性调查报告》《中国女性性福指数调查报告》,以及中国人民大学

"中国人的性行为与性关系"的实地调查,其调查结果和数据基本可以反映出当前我国成年人的整体性生活状况。

一、性生活质量普遍不高

调查结果显示:17%的女性对性生活"不满意",12%"不太满意",39%"一般","比较满意"的占18%,"很满意"的仅占14%。也就是说,将近六成的中国女性认为自己的性生活质量一般[1]。男性方面,19.9%的男性对自己的性生活质量非常满意,55.2%比较满意,19.7%的认为不满意,5.2%认为非常不满意[2]。也就说每四个不到的男性中就有一个认为自己的性生活质量没有达到理想的状态。

性生活的不如意给人们的工作、生活和家庭带来了很大影响。"性生活对工作、生活和家庭的影响程度"的调查表明,52.7%的女性认为"比较大",11.2%认为"非常大",只有10.6%和12.4%的女性认为"没有影响"或"不能确定",而认为"不太大"者则占13.1%;有61.6%的男性认为,性在婚姻中的作用非常重要,34.4%男性认为重要。和谐美满的性生活很大程度上取决于双方是否能够进行充分、坦率的交流,而调查结果显示,只有41.6%的人能够与自己的性伴侣畅所欲言的进行性交流,也就是说,有超过半数的人与自己的性伴侣在性交流方面没有达到积极的状态。

受中国传统文化中对"性福"隐晦、私密、甚至负面的价值判断所影响,大多数的中国女性依然"谈性色变",不敢在他人乃至丈夫面前承认或谈论自己的正常欲望,这是直接导致女性"不性福"的重要原因。中国人普遍认为,性生活更应该由男性来主导,让女性获得性快感是男性的义务。在这种观念下,男性被施加了诸多压力,女性的性感受也成了男性性体验的附庸。一旦双方性生活出现懈

---

[1] 近6成中国女性自认性生活质量不高[J].求医问药,2009(7):56-57.
[2] 杨大中,贺占举,马晓年.中国男性性调查报告:中国男性性调查数据分析[M].北京:光明日报出版社,2006:5-10.

息，或是任何一方对性生活感到不满意，那么男女双方可能都会不假思索地怀疑"是不是男人出了什么问题"。事实上，真正良好的性来自男女双方的合作，女性和男性同等在性关系中承担责任，女性也有义务引导男性正确地取悦自己，只有双方良好的沟通和合作才能让两个人都享受到性的快乐。

二、无性婚姻数量增多

受访者的月均性生活次数也不容乐观，其中很多夫妻都笑言自己是"周末夫妻"，平时太忙了，只有周末才有空过夫妻生活，还有的夫妻自从有了小孩之后就失去了过夫妻生活的冲动，甚至索性分居两室了。社会学家认为，在排除疾病和意外的情况下，夫妻间如果长达一个月以上没有实质性生活，就是无性婚姻。据保守估计，目前国内的已婚男女经历无性婚姻的已超过了四分之一。

究其原因，大多是归于以下几点：①感情不和。有些夫妻结婚前没有深厚的感情基础，而是因为年龄、金钱、外界压力等其他因素结婚。即使有感情基础的夫妻，激情褪去，渐渐地审美疲劳，也会变得冷淡，甚至其中一方还会出轨，这种关系的变化也会导致无性。②生活压力大。现代社会生活节奏快，压力大，很多人忙于生计，上班、加班、照顾孩子和老人这些日常已经耗尽时间和精力，很多夫妻的心思不在房事上或者有心无力，最终陷入无性婚姻的困境。③生理疾病造成的性功能缺失。部分无性婚姻是因为一方性功能缺失所导致，比如女性的完全性冷淡，而对于男性来说，则可能因患有阳痿或早泄而无法完成同房。性功能障碍是所有年龄段男性都可能经历的常见健康问题。它会对患者的性生活质量产生重大影响，也容易引起患者伴侣的不满和不理解。④心理障碍造成的性欲减退。由于男性常常将自己的性功能与自我形象联系在一起，在得知自己患病后，患者本人往往会备受打击，感受到深刻的羞耻、愤怒、无助等负面情绪。但通常，性欲减退症不仅仅是性本身的问题，更反映出伴侣关系中的其他问题。研究指出，大部分怀疑自己"有问题"的男性，实际上都并没有患病。真正让男生压力巨大的，是他们的心理压力。

性问题并不可怕，只要正视它，绝大多数问题都可以在专家的帮助下得到解决。可是当人们遇到性问题后会如何解决呢？调查指出，通过网络查询高居榜首（44.2%），其次是浏览书籍（36%），向对方讨教（15.1%），其他途径（9%），然而前去咨询医生的仅有（8.2%），更令人遗憾的是，有多达29.5%的人从未寻求过任何帮助。研究结果还表示，学历越高，向医生寻求帮助越排在后面。

三、男女两性需求各不同

关于男女双方的"性福"，调查显示，在回答"带来性高潮的最关键因素"时，71.2%的女性表示"感情亲密"最重要，另有22.3%的女性选择了"性爱技巧"，也就说女性是把感情放在首位的，而男性最担心的是被说"不行"。在对伴侣不满意的各项原因里，让女性最不满意的是"缺少前戏"，让男性最不满意的是"性能力或性技巧不够好"。

从婚姻的价值角度来看，夫妻间亲密关系、同伴关系和责任关系都是非常重要的。在亲密关系的理解上，很多丈夫可能更注重直接的身体接触，性是最亲密的表达方式，如果遭到拒绝，他们就会有强烈的挫败感，从而对两个人的亲密关系产生怀疑；而女性可能更看重两个人之间的沟通交流、关怀和分担，她们更愿意通过建立彼此生活和情感上的依赖来体验夫妻之间的亲密关系。其实除了性行为本身，两个人的眼神交流、牵手、拥抱、缠绵的耳鬓厮磨，等等，这些都是性生活的一部分。健康的性生活能使夫妻关系更长久，有助于夫妻间顺利渡过可能不时出现的一个又一个的婚姻危机。

事实上，我们从小的性教育是缺失的，对男女之间的性生理和性心理等重要知识都是缺乏的。这样的文化环境，一方面使很多女性对于男性的性能力有过高的期待；另一方面，男性在这样的文化压力下，稍有不慎，就会紧张、不安、自卑，从而导致性功能障碍。男女性能力有一定的差异，而且也会因为年龄增大而衰退，另外受工作、情绪、健康等的影响，夫妻间性欲会不同步，故不能要求伴侣保持一致，唯有夫妻之间相互多一些体贴、耐心、爱心，才能使夫妻性生活美好和谐。

四、夫妻性教育提上日程

有一组数据非常惊人，尽管86.2%的女性都知道安全性行为的重要性，但仍有32.8%的女性做过"1次流产"，18.6%的女性做过"2次或以上"流产[①]。当前中国整个社会对流产已经见怪不怪，无论是道德伦理上，还是医学上，似乎都对流产抱无所谓的态度，加上商家大力宣传"无痛人流"广告，这对没有经验的女性造成严重误导，她们也会认为流产就是一个小手术，直到事后，她们才知道对自己的伤害有多深。女性避孕，男性有责。事实上，很多男性没有意识到，使用安全套，既是对女性的尊重，同时也是男性的一种自我保护，它不仅仅是避孕，也是防止疾病传播的有效手段。随着社会的进步，为了提高人们的婚姻质量和人口素质，新婚性教育显得越来越重要，夫妻双方应懂得有关避孕、优生、优育、优教的知识，懂得预防性病的知识。

还有不少人认为结了婚就万事大吉了，婚内性生活已经成为一种固有模式，但是性学专家指出，婚姻决不像"1+1=2"那么简单，和谐幸福的婚内性生活需要不断学习、磨合、适应和协调。如果仅仅是为了生育，为了完成性交的合理过程，不用学习，因为这是本能的动作。两性结合要使双方都得到性快乐和性快感就需要学习和练习，同时还可通过医生或婚姻家庭咨询师的咨询、指导，正确地认识和理解性行为、性心理和性现象，纠正性误区，提高性认识，来达到夫妻之间性的和谐。

[①] "性福感"出炉解读中国女性性福指数调查报告（2）[EB/OA].中国新闻网，2009–10–13.

第四节　性是婚姻家庭咨询中不能回避的问题

一、从更高维度全面认识性

性是重要的，也是复杂的，它包含生理、社会、心理、精神、伦理和文化等多个层面，并贯穿人一生的发展，在不同年龄阶段有着不同的表现，却总是与个体的生理、情绪和认知成熟度息息相关。联合国教科文组织《国际性教育技术指导纲要》（修订版）指出，我们对于"性"的理解需要考虑如下方面：

①除了生理层面外，性还包括人际关系和性关系在个人层面和社会层面的意义。它是一种主观体验，也是人类的亲密和私密需求的重要组成部分。

②同时，性是一种社会建构，要结合不同的信念、实践、行为和身份认同进行解读。性的塑造受到个体经历、文化价值观和规范的共同影响。

③性与权力相关。一个人掌握的权力体现在他/她对自己身体的掌控上。全面性教育可以解决性、社会性别与权力之间的关系，以及性的政治和社会维度。这是适合更高年龄段的学习者的内容。

④对于性行为的期待存在很大的文化差异。有些行为会被接受并认可，也有些行为不被接受。行为不被接受不代表这些行为不会发生，也不意味着要把这些行为排除在性教育讨论的范围之外。

二、开展性指导成为当务之急

《国际人口与发展会议行动纲领》《北京行动纲领》要求政府"全力满足年轻人在性与生殖健康服务、信息和教育上的需求，充分尊重他们的隐私和保密性，消除歧视，并向他们提供基于实证的关于人类的性、性与生殖健康、人权和社会性别平等的全面教育，使他们有能力用积极而负责的态度处理自己的性问题"。

每一个社会、文化和时代都有关于性行为的错误观念，而了解关于性的事实很重要。在我国，很多已经进入婚姻的成年人在自己从童年迈向成年的过程中，没有接受过系统、全面的性教育，反而在人际关系与性方面接触到大量混乱和矛盾的信息，导致形成很多对性的错误观念和态度而不自知。同时，在性行为方面的无知、偏见、迷误、执着，还可引起夫妻和家庭关系的紧张和不快，并使人处在性功能失调的"难以启齿"的巨大压力和深切痛苦中。对精神生活要求提高以及对高质量性生活的追求，显示中国人的性意识在觉醒，但性知识却严重滞后，他们对可靠信息的需求日益增长。所有这些，都在提示我们婚姻家庭咨询师性指导工作的重要性和紧迫性。

三、婚姻家庭咨询师可以在夫妻性指导上扮演重要角色

要准确、清晰地处理与性有关的问题，婚姻家庭咨询师需要学习性健康方面的专业知识，接受性和人际关系教育方面的专业训练；自信、大方、坦诚、平易近人且处变不惊，对谈论性很有经验并使用日常语言谈论性；值得信任、能够保守秘密；能够理解并接受他人的性活动；尊重他人的自主性，能平等地对待不同性别取向的人；能够提供客观、不带价值评判的建议。另外，婚姻家庭咨询师应该能够澄清个人价值观和态度，并将个人价值观和态度与职业角色和责任进行明确的区分，能充分考虑年轻人的想法，这对于确保性指导工作的有效性至关重要。有针对性的性指导可以为一个人提供探索自身价值观和态度的机会，有助于培养其就有关性的诸多问题做出决策、进行交流和减少风险的能力。

四、减少网络负面影响

网络和社交媒体是人们获取有关性的信息和与性有关问题的答案的便捷手段。然而，线上媒体往往不能提供适龄的、基于实证的信息，甚至可能提供一些带有偏见的、歪曲事实的信息。对于一般人来说，区分正确和错误的信息非常困难。

《国际性教育技术指导纲要》(修订版)针对青少年的全面性教育计划归纳出了8个关键概念:"关系""价值观、权利、文化与性""理解社会性别""暴力与安全保障""获得健康和福祉的技能""人体与发育""性与性行为""性与生殖健康",这种系统学习可以帮助人们反思社会规范、文化价值观和传统观念,以便更好地理解和处理他们与配偶、父母、子女及其他人的关系。

| 第八章 |

婚姻中的教育问题

婚姻是家庭的纽带，婚姻家庭和谐事关民生幸福和社会稳定。改革开放40多年来，伴随剧烈的经济社会转型，中国的婚姻和家庭经历了巨大的变迁，如不断上升的离婚率，急剧下降的生育率、无处释放的育儿焦虑，以及老龄化带来的沉重照护压力。

为了促进婚姻家庭和谐幸福，国务院在《中国妇女发展纲要（2011—2020年）》中，首次将"开展基于社区的婚姻家庭教育和咨询"作为中国妇女发展的一个目标。由此可知，开展婚姻教育是婚姻家庭咨询的重要内容，有助于稳固婚姻，是个人、家庭和社会和谐幸福的重要措施。

第一节 婚姻教育的概论

一、婚姻教育的内容

婚姻教育是帮助人们认识婚姻内涵、提升解决婚姻问题技能、增进夫妻亲密关系的教育活动，可以促进夫妻合作，体验婚姻幸福，促进社会和谐稳定。婚姻教育包括感情教育、冲突管理、性教育、财务教育、子女教育、法律教育等，根据两性的关系阶段可以分为择偶教育、婚前教育、婚姻教育、离婚教育四大类。

婚姻教育需要确立"婚姻家庭全生命周期服务"的理念，覆盖恋爱期、新婚（家庭建立）期、家庭扩展（生育）期、家庭收缩期。同时围绕家庭中的核心关系——婚姻关系，进行全链条的婚姻情感指导服务，涵盖了预防性的新婚教育（针对新婚夫妇）、发展性的关系调适（针对婚姻磨合）、补救性的危机干预（针对离婚危机）、修复性的心理重建（针对离婚过后）。

二、婚姻教育的历史发展

我国婚姻教育历史源远流长，古代中国传统文化中早就有"预防胜于矫正"的婚前教育[①]。国君女儿出嫁前有专门的婚前教育，"妇人先嫁三月……教以妇德、妇言、妇容、妇功。教成祭之……所以成妇顺也"。普通民众则要求"女子十年不出，姆教婉娩听从……治丝茧，学女事……观于祭祀有故二十三年而嫁"（《礼记·内则》），教育女性婚前听从父母指导，掌握女工、料理家事的能力。女性婚后需听从公婆教导，熟悉经营婚姻家庭之道，言行举止合乎规范，"慎其言语，整其容貌""见人善事，必须赞之。见人恶事，必须掩之。邻有灾难，必须救之。见人打斗，必须谏之"（《太公家教》）。我国古代婚姻教育多以女性为主，教以妇德、妇言、妇容、妇功，及养育子嗣、料理家事等内容。

20世纪后半叶，离婚首次成为西方社会大多数婚姻的终点，婚姻及亲密关系成为心理咨询和治疗的主要对象，婚姻教育受到广泛重视和全面推动。20世纪90年代以来美国、英国、澳大利亚、奥地利等国家迅速发展婚姻教育，作为重要举措预防离婚。美国政府自20世纪90年代以来更是大力倡导"健康的婚姻"，并给予更多公共政策和资金支持，推动婚姻教育全面快速地发展。改革开放以来，随着社会的快速变迁，中国离婚率也不断上升，从1985年的0.45‰上升至2018年的3.20‰[②]。婚姻家庭的不稳定带来巨大的冲击和挑战，不仅损害当代人的身心健康，也为儿童健康成长带来诸多消极影响。如何有效预防离婚及其消极后果，是我国亟待解决的重大社会现实问题[③]。

[①] 王晓萍.婚前辅导项目：预防与发展取向的婚姻质量提升路径［J］.心理科学进展，2017，25（2）：265-274.
[②] 张冲，陈玉秀，郑倩.中国离婚率变动趋势、影响因素及对策［J］.西华大学学报（哲学社会科学版），2020，39（2）：41-49.
[③] 王晓萍，朱婷婷.指向三级预防的婚姻教育［J］.心理科学进展，2020，28（10）：1742-1750.

三、当代婚姻教育的现状和迫切性

随着我国社会和经济的快速发展，婚姻家庭关系与生活方式受到了各类文化的影响和冲击。首先，人们择偶时越来越倾向于物质方面，而非以"爱"为前提。其次，受西方文化的影响，我国当代的生育观念也出现了向个性化发展的趋势。结婚年龄不断推迟，更崇尚生男生女都一样，甚至产生了"丁克"一族，"养儿防老"观念淡化。再次，当代婚姻家庭中夫妻双方在养家挣钱、家庭劳动等分工上越来越注重平等，但同时又容易忽视对彼此付出的理解和尊重，影响夫妻关系和谐。最后，结婚、离婚自主化。这种现状对婚姻稳固、家庭和谐各有利弊。我国婚恋现状反映当代青年婚恋观中存在的问题，反映婚姻家庭教育的缺失问题，以及社会上的关注不足，需要家庭、学校和社会共同努力解决[1]。

中国社会转型过程中，婚姻教育越来越受到广泛重视[2]。2010年全国妇联发布的中国和谐家庭建设状况调查报告中指出，婚姻指导和咨询已经成为广大民众的重要需求和期盼，农村居民尤为重视。这种迫切需求如果得不到有效满足，势必会增加社会风险和矛盾。

近年来，全国妇联等社会组织以及商业性教育培训机构，进行了很多婚姻教育的实践探索，包括对婚姻问题进行社会调查，通过媒体开办婚姻教育节目，引进国外婚姻教育方案和项目，国家还推出了婚姻家庭咨询师制度。不少著名学者和政协委员在各种场合不断呼吁，从理论研究方面开展包括婚姻准备教育、婚姻初期教育等各类型的婚姻教育，从实践方面调查研究婚恋培训的市场需求、支付水平、培训内容等问题，系统性探讨婚姻教育内容，并整合国外的理论和经验，形成"契合中国文化背景和时代特征"的婚姻教育[3]。

---

[1] 何楚烨.浅析当代中国青年婚恋观问题[J].科教文汇（上旬刊），2018，421（5）：176-177.
[2] 付添麟.浅析马克思主义指导下婚姻教育的现状与对策[J].亚太教育，2016（22）：297.
[3] 李宝明.中国婚姻教育的基本原则和推广措施[J].经济研究导刊，2011（32）：203-205.

总的来说，婚姻教育在中国是新生事物，开展得很不充分，内容比较零散甚至存在严重偏差，学术理论界的有关研究极为有限，婚姻教育人才严重匮乏。婚姻教育的普及程度、教育方式和效果等仍不及欧美国家。当代我国婚姻教育存在以下漏洞：首先，婚姻教育实践落后，缺乏系统的教育内容，包括教育的普及程度、师资力量、教育制度与观念，等等；其次，观念保守，婚姻家庭教育缺失，性教育严重不足导致恐婚、早孕、未婚先孕、早婚等问题[①]；最后，缺乏合理的婚姻教育指导，青年婚恋观受影响[②]。我国婚姻教育的上述现状，亟待国家和社会订立相关法规，培训专业婚姻家庭咨询师，在社区学校家庭中大力开展婚姻教育。

四、促进婚姻家庭咨询师开展婚姻教育的法规

为了进一步维护婚姻家庭的和谐稳定，2020年9月，民政部和全国妇联联合印发了《关于加强新时代婚姻家庭辅导教育工作的指导意见》，以促进婚姻教育进入社会和家庭中。国家开始尝试在婚姻家庭辅导中引入专业社会工作力量，通过大力发展婚姻家庭咨询行业，培训婚姻家庭咨询师来提供专业的婚姻教育辅导服务，主要内容包括以下四点。

第一，开发婚前辅导课程，帮助当事人做好进入婚姻状态的准备，努力从源头上减少婚姻家庭纠纷的产生。第二，深化婚姻家庭关系调适和离婚辅导，探索离婚冷静期内对当事人开展婚姻危机干预的有效方法和措施。第三，强化婚姻中的仪式感和责任感。在结婚登记流程中，引导婚姻当事人宣读结婚誓言、领取结婚证，在庄重神圣的仪式中宣告婚姻缔结。仪式感可以让当事人铭记婚姻家庭蕴含的责任担当，正确维护小家庭和原生家庭的关系，牢牢把握住夫妻

---

① 李传印.学校性教育的内容与途径探析[J].中国性科学，2020，29（4）：150-153.
② 马子坤，高梦炜，刘婷婕，等.以性为特色的大学生婚恋观现状及影响因素调查[J].健康研究，2019，39（4）：378-380，388.

关系的尺度，担负起婚姻关系中的责任，对家庭负责，对伴侣负责，对生活负责。第四，宣传弘扬中华传统中优秀的婚姻家庭文化，充分发挥其蕴含的人文精神、道德规范和社会教化功能，注重家庭家教家风建设，推动社会主义核心价值观在家庭落地生根，引导广大家庭培养爱国爱家的家国情怀，建设相亲相爱的家庭关系，培育向上向善的家庭美德，体现共建共享的家庭追求，以家庭和谐促进社会和谐。

我国婚姻教育的开展是以社会主义核心价值观为引领，以传承中华优秀婚姻家庭文化为重点，以婚姻家庭咨询师提供专业婚姻教育服务为主要途径，发挥家庭家教家风的重要作用，不断加强和改进婚姻家庭辅导教育工作，提高人们营造幸福婚姻、建设美满家庭的能力，引导建立和维护平等、和睦、文明的婚姻家庭关系。

第二节　婚姻教育的重要性

"幸福的婚姻需要终生学习，更需要共同努力经营"。我国加强新时代婚姻家庭辅导教育工作，大力发展婚姻家庭咨询师，促进婚姻教育进入高校、社区和每一个家庭。人们通过学习婚姻家庭教育的相关知识，熟悉夫妻相处模式，了解爱的真谛和艺术，掌握解决婚姻家庭中的矛盾和冲突的方法，才能真正具备塑造幸福婚姻关系的能力[1]。

一、婚姻教育的重要性

首先，缓解婚姻家庭中的问题与冲突，建设和谐社会。随着社会变革，传统的家庭观念逐渐弱化，婚姻中男女两性的自主意识增强，当前中国的家庭婚姻伦

---

[1] 闫晓梅.开设高校婚姻教育课程　规范大学生婚恋行为［J］.中共乐山市委党校学报，2017，19（4）：108-110.

理呈现出一种混乱的状态。婚姻的严肃性遭遇空前挑战,家庭的稳定性受到冲击。具体表现为:社会存在着越来越多的婚前性行为和非婚同居现象,离婚率不断走高,婚姻出轨现象普遍化趋势明显。家庭关乎个体幸福、关乎下一代的身心成长、关乎社会健康发展,婚姻教育课程需要全面开展。

其次,规范青年择偶婚恋行为,提供正确价值选择。当代青年受社会不良思潮影响,婚恋观念上呈现出多元化趋势,动机复杂,道德感和责任感减弱,功利思想严重,一味追求物质享受,忽略了精神层次的追求。因此婚姻教育课程可以调解青年恋爱婚姻中的各种关系,帮助处理感情生活和性生理健康等各种矛盾和冲突,不但有利于提高个体身心健康和幸福度,而且能为下一代的快乐成长创造良好环境,从而净化不良社会风气。

再次,改变当前混乱的婚姻伦理现状。我国社会当前婚姻伦理混乱,直接导致夫妻关系恶化,家庭分裂倾向严重,是引发仇杀、情杀等恶性刑事案件的主要因素之一,动摇着社会的稳定。大众婚姻观念异化严重,过分看重物质、名利地位,从而忽略感情因素,对待婚姻轻率散漫,没有足够的严肃性。国家对此社会现象格外重视,倡导重建婚姻伦理观念,纠正婚姻发展方向的偏差,净化婚姻道德环境,防范过度的婚姻自由,加强人们在婚姻中的责任意识。

二、婚前教育的重要性

首先,增进亲密关系。婚前教育辅导包括心态调整、性教育、家务技能、生育计划、财产约定等。通过有效的婚前教育,可以训练男女双方解决婚姻问题的技能,增进双方的亲密关系,达到彼此互相关心理解、友爱付出、诚实开放、彼此信任的目的,提升彼此关系的质量和交流技能。

其次,预防婚姻高危因素。婚前教育,是指以心理治疗技术为基础发展起来的婚姻教育团体辅导项目,主要针对伴侣间已出现破坏婚姻行为的相处模式,通过标准化课程训练"冲突处理""处理核心问题""增进关系"等技能,预防不同人群的婚姻高危因素。教育内容从婚前关系拓展至关系发展的所有阶段。大量实证证明，婚前教育积极有效，能解决婚姻中的交流与冲突问题，使婚姻关系更满意更稳定，同时降低离婚率。

再次，增加伴侣交流质量。以实相心理理论为指导，婚前教育围绕了解夫妻关系模式、性教育指导、培养婚姻生活技能和解决冲突矛盾技巧四大专题进行训练，可以提升交流、关系质量和个体自尊，提升婚姻品质。

最后，增加亲密关系技能应用。婚前教育可综合认知、行为和情感多种成分，重点通过一系列系统的体验性练习，鼓励伴侣建立健康的自我概念，深入了解恋人，并建立一套真诚和表里一致的沟通模式。增加亲密关系技能应用，以成长为导向，将增强、教育和治疗融为一体，是持续时间最长、覆盖面最广的婚前项目，能够提升婚姻满意度、内聚力和情感健康等。

三、性教育的重要性

性教育是指关于两性关系以及性生活方式的教育。性教育是促进一个社会性伦理观念健康发展的基本动力之一，也是当今世界范围内难度最大的课题之一。由于几千年传统封建思想的影响，人们谈到性总是和"淫秽"联系起来，我国性教育相关的教学内容中极少直言"性"。2016年10月，中共中央、国务院颁发的《健康中国2030规划纲要》中提出，以青少年、育龄妇女和流动人群为重点，开展性道德、性健康和性安全宣传教育和干预，加强对性传播高危行为人群的综合干预，减少意外妊娠和性相关疾病的传播[1]。

中国人很少接受家庭性教育，大多非常含蓄，而社会上通过影视作品、网络等接受的性教育信息混乱，往往充斥着色情、性暴力、性变态、性解放等错误信息。全面性教育是家庭、社会和学校共同的责任，系统、科学、全面、健康的性

---

[1] 李传印.学校性教育的内容与途径探析[J].中国性科学，2020，29（4）：150–153.

教育需要通过婚姻家庭咨询师进行专业指导。

四、离婚教育的作用

离婚教育主要是为了保障儿童的利益，通过开展离婚调解、增设婚恋课程、开展离婚救助、维护亲子关系等行动，降低离婚所导致的危害，使离婚家庭维护好应有的情感关系，从而减少对孩子的不良影响。《联合国儿童权利公约》规定，关于儿童的一切行动，不论是由公私社会福利机构、法院、行政当局或立法机构执行，均应以儿童的最大利益为首要考虑。在离婚案件中，无论是和解、调解还是法院判决都必须考虑诉讼结果是否有利于未成年子女健康和幸福成长，尽量减轻离婚对未成年子女的不利影响。而在现实社会中，往往由于夫妻双方缺乏沟通，在离婚案件中产生了一些对未成年子女的不利影响。

离婚双方存在以下四点误区。一是诉讼中当事人双方对抗情绪激烈、忽视子女利益的保护，无法相互协商、沟通处理子女养育问题，或争夺抚养权、探望权，忽视子女的感受，不利于子女健康成长。二是一些离婚夫妻在离婚诉讼期间，在子女面前言行不恰当，离婚往往会给子女带来身心障碍，不利于子女健全人格的培养。三是夫妻离婚后不能积极履行生效的法律文书，对未成年子女的生活造成不利影响。例如，不配合对方行使探望权，不积极履行支付抚养费的义务，导致子女的生活质量明显低于父母离婚之前。四是不能确切处理履行生效法律文书时产生的争议，给未成年子女造成巨大的精神和心理压力，也不利于双方安定的生活。

因此，构建我国离婚教育制度非常重要。离婚教育中可以专设针对父亲、母亲和孩子的课程，一方面帮助离婚母亲修复状态，为孩子健康发展加固基础，另一方面教会单亲父亲和单亲母亲如何与孩子生活、相处，帮助离婚双方走出前一段不良婚姻所留下的阴影，以一种全新面貌和孩子一起展开新生活。

第三节　当代中国婚姻教育存在的问题

改革开放40多年来，伴随剧烈的社会经济转型，中国的婚姻家庭经历了巨大的变迁。在这场变迁中，个人、家庭和社会问题相互交织，矛盾凸显。当代我国婚姻教育面临的每一个问题都是社会转型的结果，也是社会问题形成的原因，是我们必须应对的挑战。

一、婚姻问题是社会性问题

中国当前处于社会风险和社会矛盾的凸显期，婚姻问题频发且复杂，甚至引发社会性危害。研究表明，长期以来，中国人自杀的首要原因是婚姻家庭冲突，一半左右的死刑犯犯罪是由于婚姻家庭冲突引发的，婚姻家庭冲突导致的人身伤害、精神伤害和财产损失更是难以估量的。

随着当前社会分工越来越细，社会流动广泛而频繁，婚姻问题已经超越"私域"，与社会其他事物之间有着千丝万缕的联系。因此，婚姻问题不仅是夫妻双方或家庭自身的问题，而是社会性的问题，不能仅依靠家庭自身的力量来解决，来自家庭之外的支持和协助尤为重要。

而婚姻家庭咨询无疑是解决婚姻家庭问题、应对婚姻家庭挑战的重要力量。不同于传统家人、朋友的支持力量，也不同于政府行政或市场的力量，甚至与其他的专业力量（比如心理咨询、法律援助）也不同，婚姻家庭咨询更强调家庭问题背后的影响（比如原生家庭、两性关系、性教育、心理变化影响等），强调教育协助婚姻家庭获得解决自己问题的能力。

二、婚姻教育缺乏专业服务

家庭是一个私密的场域，婚姻问题也是一个非常私密的话题，中国人一向主张"家丑不可外扬"，很担心接受婚姻辅导会失了面子，更担心不专业的服务不利于解决问题反而加深矛盾。

但目前研究现状表明，我国婚姻教育专业人才严重匮乏，同时系统性的婚姻教育内容和培训体系不完善，无法针对我国当前婚恋问题（如恐婚、早孕、未婚先孕、早婚等），进行专业有效的婚姻教育指导。虽然国家和社会现已订立相关法规，广泛动员社会各方面力量，促进社会多方协同推进新时代婚姻家庭辅导教育工作。但不同人群对婚姻基本服务需求不同，而婚姻咨询又涉及原生家庭、夫妻关系、亲子关系、法律、心理、财务等多领域专业，如何提供真实有效的专业婚姻教育服务是目前发展婚姻家庭咨询领域的重中之重。中国的婚姻家庭教育服务走上一条专业化的路径，需要培养专业的婚姻家庭服务机构和人员，促使更多的婚姻家庭咨询师成长起来，通过专业服务帮助千千万万的家庭。

三、当代婚姻教育整体欠缺

我国当代婚姻教育整体欠缺，不仅教育力度欠缺，教育内容和方法也存在纰漏，缺乏专业性，难以指导实践。

首先，当代婚姻教育整体欠缺。婚姻教育主要依靠学校、家庭和社会三大主体，但就目前来看，学校婚姻教育不足，家庭婚姻教育缺失，社会通过影视剧等媒体传播的婚恋观良莠不齐。目前我国社会机构很少有专业的婚姻教育。很多青年的婚恋观特别容易受影视剧影响，其婚恋观良莠不齐脱离实际，不利于青年婚姻教育。

其次，目前婚姻教育方法单一，内容陈旧，脱离实际。目前我国婚姻教育主要在高校以课堂教学的方法开展，或者在社区以讲座方式呈现，采取说教灌输的方式。婚恋问题贴近生活实际，每个人遇到的婚恋问题也各不相同，单一的婚姻教育容易使人们对婚姻教育失去兴趣，达不到相应的教育效果。

再次，当前婚姻教育对择偶教育、婚前教育、婚姻冲突管理、性教育、离婚教育等问题的深层处理能力和专业性不够，无法有效处理复杂具体的婚姻问题。当前婚姻教育虽然能在大方向上引导人们的婚恋观，但缺少专业性，无法解决人们真实的婚姻需求。

四、我国性教育存在误区

我国全国性的性教育体系尚不完善，当前搞好性教育必须首先走出以往性教育的误区。

首先，重性知识教育，轻性心理和性伦理教育。广义的性教育应包括性生理教育、性心理教育和性伦理教育。近年来，性生理教育提得多，而其他两方面提得少。而对于公民个人尤其是未成年人来说，更重要的是引导他们明确什么是两情相悦、如何区别爱情、友谊和性的关系；如何把握同异性交往的尺度；婚前性行为有何弊端等，也就是要加强性心理和性道德教育。

其次，重课堂教育，轻环境教育。人的观念和行为受个人的生活环境影响。老师和学校只是环境因素之一，其影响力有限。社会是由成年人主导的，青少年性观念和性行为的混乱很大程度上是受了成年人的影响。因此，应教育成年人认真反省自己的行为会给下一代做出什么样的榜样。

再次，重教育服务，轻禁忌约束。从心理学角度来看，任何道德观念的形成最初都必然经历一个强制性约束阶段。性教育也一样，既要依靠知识教育、正面引导，同时也应该依靠一定的强制手段。现在有很多人认为爱情和性是青年人的基本权利，他们提倡的性教育也只是讲授知识，甚至局限于诸如发放安全套等服务，这恰恰是缺乏有力约束的性教育的表现。

最后，重课堂灌输，轻家庭和社会环境的影响。事实上，性教育可以因角色、场合、内容等不同而区别。从角色上看，儿童接受性信息的主要来源是伙伴。这是因为，儿童期伙伴群体中的人非常谈得来，信息交流非常及时、坦诚和真实。这种文化，成年人尤其是家长极少能涉足其中。从场合上看，性教育可以吸收从家庭、学校到社会各个场合上的信息，其中一些信息将指导人们一生的性行为。这个吸收过程从以家庭父母为主的信息源开始，发展为家长和传媒的混合信息体系，外加伙伴群，最后是学校。从内容上看，一个人的性问题涉及很多方面，如人格的培养、审美的标准、性格的健全、懂不懂得负责任等。因此，搞好性教育是全社会的责任。

性教育有着非常重要的伦理价值，一方面，是可以使相关性道德内容得到普及和推广；另一方面，是可以提高全民的性伦理意识。道德是调整和指导人与人之间、人与社会之间行为关系的准则和规范。性道德是调节人类性行为的道德准则和规范。传统的性道德标准是自愿、无伤、爱、婚姻缔约的原则。其中，核心是性伦理道德观念的教育。只有性观念正确了，才能明辨是非，才能知道什么可以做，什么不可以做，才可能养成良好的性伦理道德。

第四节　我国婚姻教育的原则和措施

一、婚姻教育的基本原则

婚姻教育的基本原则是指婚姻家庭咨询师在婚姻教育中应当坚持和遵循的原则，是实现婚姻教育的目的、要求和导向。

1. 可靠可信

婚姻家庭咨询师需要秉持科学和实事求是的原则。婚姻现象极其复杂，有很多未知领域，这要求婚姻教育的内容必须可靠可信，应当有科学实验和研究、社会调查、科学理论的基础，对重要的问题和概念，需要进行规范化的定义、比较、论证。婚姻教育应当谨慎，不能主观想象和似是而非，不能人云亦云，否则婚姻教育有害无益。有人把婚姻教育看成夫妻沟通技巧的教育，这是偏狭的。沟通固然相当重要，但是影响夫妻关系的因素极多，不能仅仅偏重某一点。

2. 体现中国特色

婚姻教育应当积极面对当代中国人婚姻中特有的多重困惑。当代西方人的婚姻主要受女权主义、平等、独立、自由的基本价值观影响，当代中国人的婚姻也受这些因素的一定影响，同时也受到传统礼教文化、商品交换观念、社会意识形态的严重影响，各种影响常有冲突之处，使人们的婚姻面临着多重的困惑，婚姻教育应当面对并辨析这些困惑。婚姻教育还应当大力吸取中国传统婚姻观的有益成分。传统婚姻观有很多应当批判的成分，比如男尊女卑，片面强调女性的义务，但也有很多有益的成分，比如强调婚姻的永久性和稳定性，重视家庭亲属关系，等等。

3. 两性心理特性和共性并重

婚姻教育应当坚持两性心理特性和共性并重的原则。了解男女心理特性有助于婚姻中夫妻关系的教育，但是性别心理特性是难以把握的、价值有限的。婚姻教育应当看到两性有更多的共性，在婚姻中有相同的利益，都愿意坚持平等、独立、自由的基本价值观念。

4. 以婚姻的内涵为核心

婚姻的内涵也是婚姻的本质，是指客观存在的、普遍的婚姻生活的具体内容和指向。婚姻的内涵主要有五类：感情、性爱、子女、财务、家务。两性对婚姻内涵的不同需求，以及各种主观客观因素的变化，是相互交叉关联地影响夫妻关系和婚姻满意度的。各种方式、类型和导向的婚姻教育，都应该围绕婚姻内涵进行展开，这样才会有助于人们认识到婚姻问题的症结所在，增强经营幸福婚姻的信心，珍惜婚姻的价值，积极地调整自己的态度和行为。

5. 实证分析

婚姻教育应当以对婚姻现象进行实证分析为原则。婚姻教育就是对婚姻进行建构分析。通过从个性和社会、生物和文化、传统和现实、精神和物质、心理和非心理等因素，分析不同因素如何影响人们在婚姻中的感觉、态度和行为，从而建构婚姻本身以及各种婚姻问题。人们在日常生活中有不同的情感困惑，对婚姻教育潜在地有不同的期待和要求。建构分析婚姻和婚姻问题，能够满足人们的不同要求，包括确认、澄清、丰富、纠正、质疑、扰动，等等，去影响人们的观念、情感和行为，从而助人自助，使人们自行理解和应对各种问题。婚姻教育的内容只有充分地系统化、体系化、多样化，才能做到对婚姻进行建构分析，才有可能以多种方式满足人们的要求。

实证分析意味着婚姻教育应当对婚姻进行利益分析，解释人们婚姻的主要问题是由哪些利益冲突引发的，不同的利益冲突又有哪些不同的演变规律，并提出有针对性的方式方法，帮助人们重新建构利益选择与均衡机制和心理防御机制，从而使人们避免、减弱或化解心理冲突。人们在恋爱择偶中的问题主要是由感情、相貌、身高、学历、职业、收入、性爱等利益冲突引发的，人们在婚姻中的问题主要是由感情、性爱、子女、财产、家务利益冲突引发的。这些利益冲突在进行利益选择和均衡时，应当优先看重感情利益。因为感情利益具有终身需求、难以替代、长久稳定、逐渐增值等特点，而其他利益都不同时具有这些特点。

在婚姻家庭咨询师个案婚姻咨询中，咨询者需要通过利益分析框架来完成咨询任务。这个框架应有四个方面：来访者的客观方面、来访者配偶的客观方面、来访者的主观方面、来访者配偶的主观方面；客观方面包括言论、行为、相关事实，主观方面包括动机、情绪、知识背景、价值观等。咨询者对来访者婚姻问题的理解，就是对这四个方面进行全面分析、辨识和确认；咨询者帮助来访者重新建构利益选择与均衡机制和心理防御机制，就是通过适当的方法和技术，帮助来访者进行主观方面和客观方面的分析和调整。

二、婚姻家庭咨询师开展婚姻教育的措施

1.加强婚姻教育专业化服务能力

婚姻教育需要婚姻家庭咨询师具备专业化服务能力，包括专业价值观、专业

伦理和专业技能。婚姻教育的专业价值观强调尊重、平等和接纳。婚姻家庭咨询师可以倾听来访者的想法、同理其处境、接纳其痛苦和挣扎，同时没有歧视和强加任何个人意愿。婚姻教育的专业伦理，会严格地约束婚姻家庭咨询师的服务行为。家庭教育指导师需要多学科专业知识融合，比如教育学、心理学、社会学、法学、医学，等等。婚姻教育的专业技能，指婚姻家庭咨询师受过良好的专业训练，会在自己的专业能力范围内提供婚姻教育服务，当能力有所不及时，会请教督导介入进行更专业的指导。咨询师按照专业伦理，除非为了服务需要，不会诱使来访者说出与婚姻教育服务无关的隐私信息，同时会严格保密，没有来访者的同意和授权，不会对任何人透露隐私信息。

2. 拓展婚姻教育综合服务能力

婚姻家庭问题的产生主要有三个原因：在婚姻和家庭中的人自身经营婚姻和家庭的能力不足，维持健康婚姻和家庭所需的必要资源不足，婚姻家庭中的人与外在资源的链接和互动出现问题。婚姻家庭咨询师拓展婚姻教育综合服务能力，能协助家庭应对以上三个问题。首先，通过开展各种形式的家庭教育、辅导、治疗服务提升家庭成员的能力。其次，帮助家庭连接必要的资源。任何婚姻家庭都会碰到各种问题，常常一个问题接着下一个问题，这是生活的常态。解决问题是需要资源的，这些资源包括信息、机会、金钱、服务、爱与关怀等，家庭因为资源不足就会常常陷入困境，帮助家庭连接必要的资源是婚姻家庭咨询师的综合服务能力之一。

3. 开展系统性的婚姻教育

婚姻家庭咨询师将家庭看成是一个完整的系统，根据婚姻和家庭发展阶段的特点，进行专业评估，既关注婚姻家庭整体发展的需要，也关注婚姻家庭中每个个体的需要。针对同一个家庭体系，跟踪开展全周期系统性的婚姻教育，包括新婚夫妇的婚前教育、婚姻磨合期教育、离婚危机的干预性教育和婚后心理教育等。系统性的婚姻教育重心在帮助婚姻家庭重塑婚姻信念、调整双方婚姻结构和改善夫妻婚姻关系，形成良性可持续发展的婚姻关系，促进婚姻和家庭的健康发展。

4.深化开展专题性婚姻教育

婚姻家庭咨询师在开展婚姻教育时，可以根据来访者婚姻阶段的不同和需求的不同，深化开展专题性的婚姻教育。根据不同的婚姻需求，婚姻家庭咨询师可以开展择偶教育、情感教育、性教育、财务教育、亲子教育、法律教育、心理教育等不同专题的婚姻教育。根据不同的婚姻阶段，婚姻教育可以分为新婚磨合期教育、夫妻关系教育、生育教育和婚姻危机教育四大专题。

第一，新婚磨合期教育。婚姻家庭咨询师指导教育来访者学会建立恰当的夫妻关系模式；解决新婚磨合期中权利义务、家务分配、生活习惯、财产管理等纠纷以及新婚常见的性问题。

第二，夫妻关系教育。婚姻家庭咨询师应用实相心理学理论，分析影响来访者夫妻关系的重要因素，教导来访者学会协调与双方原生家庭的关系；学会处理夫妻冲突和沟通的技巧，建立适当的家庭规则；教育来访者处理婚姻的特殊情况，如调适夫妻性关系、空巢家庭的夫妻关系、涉外婚姻、婚外生育、重婚、无效婚姻和事实婚姻等疑难问题。

第三，生育教育。针对因生育引起的心理问题和夫妻关系问题，婚姻家庭咨询师需要为来访者提供生育教育指导和解决方案，如进行心理疏导和引荐可行的医学治疗措施。

第四，婚姻危机教育。婚姻家庭咨询师通过婚后教育，帮助来访者明晰婚姻危机的成因及化解婚姻危机的方法，以及学会处理出轨、婚外情、分居、离婚、财产分割、子女抚养及探视纠纷等问题。心理专题的婚姻教育可以帮助来访者疏导因婚姻危机引起的心理问题。

"幸福的家庭都是相似的，不幸的家庭各有各的不幸"。家是一个最温暖、最温馨的地方，但每个家庭的组成，都有一段时间的磨合期，婚姻教育能够帮助人们克服困难和收获幸福。婚姻家庭是爱情的花圃，需要一生的耕耘。婚姻家庭咨询师通过婚姻教育可以教导人们如何有计划地择偶栽种，有时要培土改善婚姻关系，有时要施肥增进夫妻感情，有时要铲除婚姻中的困难，有时面对离婚变故要进行移植处理。种花要看季节，季节不同，开的花也不同。婚姻生活也有四季的变化，每个季节有不同的困难与危险，所以婚姻要懂得经营之道。婚姻家庭咨询师通过婚姻教育能帮助人们智慧的经营婚姻，面对婚姻中的问题和挫折做好预防和措施，耐心等待，勤劳负责终会收获幸福婚姻的硕果。

第九章
婚姻家庭中的法律问题

在依法治国的今天，法律法规在人们生活中的作用越来越大。对于婚姻家庭咨询师来说，法律法规不仅是进行婚姻家庭咨询的依据，也是婚姻家庭咨询师自身行为的准则。一个合格的婚姻家庭咨询师必须具有较强的法律意识，掌握相关的法律知识，在咨询过程中帮助求助者树立法制观念，严格遵守法律规定，履行法律义务，杜绝违法犯罪行为，同时也要帮助求助者运用法律的武器保护自己。

第一节　婚姻家庭法律的基本概念

一、婚姻家庭法的概念

我国的婚姻家庭法是规定婚姻家庭关系的发生和终止，以及婚姻家庭主体之间，其他近亲属之间的权利义务的法律规范的总和。新中国婚姻家庭法经由以1950年《中华人民共和国婚姻法》（以下简称《婚姻法》）为标志的初创、20世纪60年代中期至20世纪70年代末的停滞、1980年《婚姻法》为标志的恢复和发展、2001年的修正，以及2021年《中华人民共和国民法典》（以下简称《民法典》）施行，《婚姻法》废止，并入《民法典》成为其中一编这几个过程。截至目前，我国已经初步形成了以《民法典》婚姻家庭编为核心，以《婚姻登记条例》为支撑，以《中华人民共和国母婴保健法》《中华人民共和国未成年人保护法》《中华人民共和国妇女权益保障法》《中华人民共和国老年人权益保障法》《中华人民共和国残疾人保障法》等法律法规为补充的婚姻家庭法律制度体系。

2021年1月1日起施行的《民法典》婚姻家庭编共5章、79条：第1章"一般规定"作为婚姻家庭编的一般性、总括性规定，主要规定了调整范围（第1040条）、基本原则（第1041条、第1044条）等内容，以及亲属、近亲属、家庭成员等基本概念（第1045条）；第2~5章整合了之前《中华人民共和国婚姻法》和《中华人民共和国收养法》等法律法规，分别规定了结婚、家庭关系、离婚以及收养等法律制度。

二、婚姻家庭法的调整对象

婚姻家庭法的调整对象是婚姻家庭关系，包括夫妻关系、亲子关系以及有权利义务的其他近亲属关系[①]。从调整范围的运行机制看，既包括婚姻家庭关系发生、变更和终止的动态运行的过程，又包括由该动态运行所形成的各主体之间的权利和义务关系[②]。其中，夫妻关系是整个婚姻家庭关系的前提。男女双方的婚姻缔结行为，不仅使双方间成立夫妻关系，还在法律上形成了一个由二人为基础的家庭单元，使后续亲子关系以及有权利义务的其他近亲属关系的产生成为可能。

从调整对象的性质看，可以分为人身关系与财产关系两个方面。所谓人身关系，是指人格、身份、地位等没有直接财产内容的权利义务关系，如姓名权，参加生产、工作、学习和社会活动的自由权以及配偶权、监护权、亲属权等。所谓财产关系，是指夫妻之间在财产的所有与使用、扶养上的权利义务关系。需要说明的是，夫妻财产关系是基于夫妻的人身关系而产生的。

三、探索多元创新的婚姻家事纠纷解决方案

俗话说"清官难断家务事"，这句话出自明朝冯梦龙的《喻世明言》，流传至今已有三四百年历史，其所表达的意思就是"再公正的官吏也很难论断家庭纠纷

[①] 夏吟兰.民法分则婚姻家庭编立法研究[J].中国法学，2017（3）：71-86.
[②] 夏吟兰.婚姻家庭继承法[M].北京：高等教育出版社，2010：31.

的是非曲直",旨在说明"家庭内部的事,外人很难搞清楚"。比起正常运转的圆满家庭,出现危机或者破裂的家庭更为法律所关注,有学者指出,"婚姻家庭法在很大程度上是对夫妻损失的分配"[①]。从我国《民法典》婚姻家庭编的条文数量来看,处理问题家庭或破裂家庭的法条占据大多数:除去第一章"一般规定"和第五章"收养"部分后共47条,其中涉及家庭关系危机或破裂的条款共25条,约占53%。从司法实践中家庭纠纷的数量来看,仅离婚及离婚后的财产、子女关系纠纷就占据了现实中婚姻家庭纠纷的绝大多数。在"中国裁判文书网"上检索,截至2021年11月26日,婚姻家庭纠纷共8 059 848个,其中离婚纠纷和离婚后的财产纠纷、继承纠纷、损害赔偿纠纷、子女抚养和探望权纠纷约占婚姻家庭纠纷总数的91%。

近年来,因婚姻家庭纠纷得不到及时有效解决,致使矛盾激化,最终积累演变成刑事犯罪的"民转刑"案件呈逐年上升趋势。传统的婚姻家庭案件大多是民事纠纷,一般是指家庭内部成员之间的案件,如离婚、赡养、抚养、扶养、继承、分家析产等。随着经济社会的发展,婚姻家庭类案件也越来越复杂,如财产分割除了房产、存款之外,还可能涉及股权分红、投资收益、土地征用、集体经济收益等形式,再如探视权、抚养费、抚养权等,处理不善都容易引起矛盾激化,有的甚至引发刑事案件乃至重大命案,严重损害家庭成员权益、影响社会和谐稳定。婚姻家庭纠纷从过去被人们认为的"家事"走向社会干预层面,已引起社会普遍关注。

2017年3月,全国妇联、司法部等六部门联合出台了《关于做好婚姻家庭纠纷预防化解工作的意见》,明确指出要着力建设婚姻家庭纠纷人民调解员队伍,就婚姻家庭问题开展心理服务、疏导和危机干预等工作。各地相继成立婚姻家庭纠纷专业性人民调解委员会,越来越多的社会组织和政府工作部门参与家事纠纷化解,并聘任家事调解员,开设社区家事调解工作室,形成家事纠纷化解合力,开

---

① 帕特里克·帕金森.永远的父母:家庭法中亲子关系的持续性[M].冉启玉,主译.法律出版社,2015:3.

启了家事纠纷多元化解的新模式。

四、婚姻家庭咨询工作中处理法律问题的注意事项

婚姻家庭领域的法律规定不多，大部分都是原则性规定，实践中具体到个案，情况往往是错综复杂的。因此，对于婚姻家庭咨询师来说，除了要掌握最基本的法条外，还要多了解最新的司法解释和运用。具备了较丰富的法律知识背景，才能从更宏观的立场和角度来帮助当事人梳理婚姻中的法律问题，提出更符合当事人需求和权益的建议，而具体法律问题的处理应转介。必要时婚姻家庭咨询师需要为求助者提供转介服务，介绍有经验有资质的执业律师提供更为专业的法律服务，或者运用社会网络的作用来帮助求助者。因此，婚姻家庭咨询师要掌握社会支持的概念，了解社会支持机构、网络，了解多学科、多部门进行干预的策略，并能够合理地利用相关资源，熟悉转介步骤。

下文我们将按照婚姻关系发生、存续和终结的不同阶段，将所涉及的重要法律问题进行列举分析。

第二节　婚姻关系的发生

一、结婚登记是婚姻合法有效的必需程序

有些人把一个盛大的结婚仪式当作是自己婚姻生活的开始，但是只举行结婚仪式而没有领结婚证，却不能算法律意义上的结婚。《中华人民共和国民法典》婚姻家庭编第1049条明确规定："要求结婚的男女双方应当亲自到婚姻登记机关申请结婚登记。符合本法规定的，予以登记，发给结婚证。完成结婚登记，即确立婚姻关系。未办理结婚登记的，应当补办登记。"结婚登记是使婚姻合法有效的程序，只要是办理了结婚登记手续，取得了结婚证的，婚姻即告成立，在法律上

就是合法夫妻，受法律的保护。无论当事人是否举行了婚礼，也无论当事人是否同居，他们之间的夫妻关系已经存在了，要解除这种关系，就必须履行离婚手续。而且一旦他们之间出现任何纠纷，都要以夫妻的身份关系来处理问题。如果没有进行结婚登记手续，即使双方都认为相互之间是夫妻关系，包括已经举行了婚礼、两人已经同居、财产共享，这些都不为法律所认可，当然也就不能受到法律对夫妻关系的保护。

在现实生活中，还存在这样一种情况，有的人因为单位分房、户口落户等原因，在未充分了解对方的情况下就草率领取了结婚证。之后，往往在短期内因为双方不适合而又离婚。对此要特别提醒，领取结婚证就意味着婚姻的有效成立，而婚姻是人生一辈子的大事，切莫因为一些物质利益就匆匆走入婚姻，给自己的婚姻生活造成不幸。因此，领取结婚证应当慎重考虑。

二、婚约法律无规定，处理不好引纠纷

婚约是指男女双方以结婚为目的而对婚姻关系的事先约定，俗称订婚。婚约在我国古代是结婚的必经程序，现代各国对婚约大多采取不保护的态度，婚约的效力相当薄弱。但是由于传统习惯的原因，婚约在很多地区还具有相当大的影响力，婚约问题处理不好，常常会引发纠纷。中华人民共和国成立以来的法律一直不承认婚约的法律效力。

1.婚约引发人身关系纠纷，法院不予受理

在我国，订婚不是结婚的必经程序，法律对婚约既不提倡，也不禁止。男女双方只要是自愿订婚，法律也不会进行干涉。婚约不具有法律约束力，只有双方完全自愿才能够结婚。法律对婚约不予保护，不强制履行。双方同意解除婚约的，可自行解除。一方要求解除婚约的，也无须征得对方的同意，单方就可以解除。因此，如果订婚的一方当事人到法院去要求法院保护或者解除他们之间的"未婚配偶关系"，甚至是要求强制履行"结婚的义务"，人民法院是不会予以受理的。

2. 赠送的财产，酌情返还

对正常的因婚约引发的财产纠纷，一般的解决原则有以下几点：一是对以结婚为目的而赠送的财产（包括订婚信物），价值较高的，应酌情予以返还；二是对订婚期间，当事人双方一般性的经济往来或者是赠送的价值不高的物品，受赠人可以不予返还。近年来因彩礼问题引发的纠引越来越多，最高人民法院在《民法典婚姻家庭编司法解释一》第5条做出规定：如果一方当事人支付了彩礼以后，请求返还彩礼，有下列三种情形之一可以予以支持，第一是支付了彩礼，但是双方没有结婚；第二是结婚了，但是没有共同生活；第三种就是婚前支付彩礼导致一方生活困难的情况下，也是可以请求返还彩礼。

3. "青春补偿费"，法律不支持

在一些婚约纠纷中，有这样一种情况：订婚后，双方经过很长时间后才解除婚约，一方有过错，而另一方已过了适婚年龄。因此无过错方提出青春补偿费的要求。这种所谓的青春补偿费是没有法律依据的，也无法得到法律的支持。当然，如果由于过错方的原因，给无过错的一方造成了直接经济损失，根据我国《民法典》的有关规定，可以要求过错方赔偿其所造成的直接经济损失，但绝不是精神损害赔偿。

4. 骗取财物，将受到法律制裁

在实际生活中，有些不法分子假借谈恋爱、订婚的手段骗取当事人的财物。对此，一经发现，不但骗取的财物要返还受害者，对行为人也要给予一定的制裁措施。《中华人民共和国刑法》第266条规定："诈骗公私财物，数额较大的，处三年以下有期徒刑、拘役或者管制，并处或者单处罚金……"据此，行为情节严重的，将受到刑法的惩处。

三、无效婚姻

无效婚姻是指违反婚姻成立条件的违法婚姻。《民法典》第1054条明确规定：

"无效的或者被撤销的婚姻自始没有法律约束力，当事人不具有夫妻的权利和义务。……"无效婚姻制度是对欠缺婚姻成立条件的婚姻，确认其不具有婚姻的法律效力的制度。它是保障婚姻法的严肃性、权威性，坚持结婚的条件与程序，保障婚姻的合法成立，预防和减少婚姻纠纷，制裁违法婚姻的重要措施。

"无效婚姻"与"离婚"在法律上是截然不同的，其明显区别体现在财产分割问题上。"无效婚姻"的当事人同居期间的财产各归各，而"离婚"将按夫妻共同财产进行分割。另外，"无效婚姻"情况中所生的子女为非婚生子女，而"离婚"情况中的子女是婚生子女。导致婚姻无效的情形有几种：

1. 重婚

重婚是指前婚未解除，又与他人办理结婚登记。在实行单一登记婚的中国，只要双方办理了结婚登记，不论是否同居，重婚即已构成。而事实重婚是指前婚未解除，又与他人以夫妻名义共同生活，但未办理结婚登记手续。只要双方公开以夫妻名义共同生活，虽未办理结婚登记，也已构成重婚。

2. 有禁止结婚的亲属关系

我国法律规定三代以内血亲禁止结婚，包括第三代，即禁止表兄妹结婚。三代以内旁系血亲包括：①同源于父母的兄弟姊妹（含同父异母、同母异父的兄弟姊妹）。即同一父母的子女之间不能结婚。②不同辈的叔、伯、姑、舅、姨与侄（女）、甥（女）。

3. 不到法定婚龄

《民法典》规定，结婚年龄，男不得早于二十二周岁，女不得早于二十周岁。未到法定婚龄结婚，婚姻关系无效。双方都符合了法律规定的结婚年龄后，可以到婚姻登记机关补办结婚登记。

由于宣告无效婚姻意味着对已存在的"婚姻"使其从根本上丧失婚姻的效力，因此宣告婚姻无效必须严肃慎重。我国的无效婚姻只能通过诉讼的方式，由法院来宣告。其他任何单位和个人，包括婚姻登记管理机关，即使双方当事人对认定婚姻无效都无异议，也无权进行无效婚姻的宣告。

四、可撤销婚姻

《民法典》婚姻家庭编在设立了无效婚姻制度的同时，还设立了可撤销的婚姻制度，给予了当事人依法决定自己婚姻命运的权利。可撤销的婚姻一共有三种：一是因胁迫结婚的；二是被非法限制人身自由的；三是婚前患有重大疾病的，结婚登记前未如实告知的。

1. 可撤销婚姻自始无效

可撤销的婚姻是指由于结婚当时违背了双方自愿的原则，不具备婚姻成立的必要条件，因此在结婚之后的一段时间内，受害一方可以向法院提出撤销该婚姻的申请，由此使该婚姻自始无效的法律制度。同无效婚姻一样，可撤销的婚姻与离婚是不同的。婚姻撤销后就意味着它从一开始就不被法律所承认，是不具有法律上的效力的，而离婚则是解除现有的有效成立的婚姻，它的前提是承认现有的婚姻有效成立。因此，两者在法律意义及法律后果上都是不同的。

2. 一年之内提出申请有效

按照《民法典》第1052、1053条规定，没有被限制人身自由的受胁迫方、因对方有重大疾病但婚前未被如实告知的，这两种情况应当在与对方登记结婚之日起的一年之内提出撤销婚姻的申请；如果受胁迫方还受到了人身自由的限制，则应当在恢复了人身自由之日起一年内提出申请。过了法定的时间期限，就没有权利再申请撤销婚姻了。与此同时，婚姻也就自始有效存在了。要解除婚姻关系，就只能通过离婚这种方式了。

3. 应向婚姻登记机关或人民法院提出撤销婚姻的申请

由于撤销婚姻也是对现有的婚姻从根本上的否定，因此撤销婚姻的机关也应当具有一定的权威性。在我国，当事人自己不能随便撤销婚姻，只能向婚姻登记机关或者是人民法院提出申请，由它们来撤销婚姻，其他任何单位和个人都无权撤销婚姻。

4.婚姻撤销的法律后果

婚姻被撤销的法律后果与无效婚姻的法律后果基本相同。也就是说，婚姻被撤销后，当事人之间是自始不具有夫妻之间的权利义务的，个人的财产仍归个人所有，同居期间所得的财产由双方协商处理；协商不成，由法院根据照顾无过错方的原则判决。当事人所生的子女为非婚生子女，适用《民法典》婚姻家庭编有关父母子女的规定。

第三节　婚姻关系的存续

一、夫妻彼此忠实的义务

随着中国经济的巨大发展，婚姻家庭关系也发生了许多变化，其中"婚外恋"等现象严重影响了家庭生活的稳定，因此《民法典》婚姻家庭编规定夫妻之间有相互忠实的义务，成为新时代婚姻家庭关系的一个向导。

近年来，经常会出现夫妻在婚姻关系存续期间签署"忠诚协议"的情形，关于夫妻在婚姻关系存续期间签署忠诚协议是否有效的问题，最高人民法院在《中华人民共和国民法典婚姻家庭编继承编理解与适用》一书中明确[①]：夫妻之间签订忠诚协议，应由当事人本着诚信原则自觉自愿履行，法律并不禁止夫妻之间签订此类协议，但也不赋予此类协议强制执行力，从整体社会效果考虑，法院对夫妻之间的忠诚协议纠纷以不受理为宜。理由如下：

第一，如果法院受理此类忠诚协议纠纷，主张按忠诚协议赔偿的一方当事人，既要证明协议内容是真实的，没有欺诈、胁迫的情形，又要证明对方具有违反忠

---

① 最高人民法院民法典贯彻实施工作领导小组.中华人民共和国民法典婚姻家庭编继承编理解与适用[M].北京：人民法院出版社，2020：39.

诚协议的行为，可能导致为了举证而去捉奸，为获取证据窃听电话、私拆信件，甚至对个人隐私权更为恶劣的侵犯情形都可能发生，夫妻之间的感情纠葛可能演变为刑事犯罪案件，其负面效应不可低估。

第二，赋予忠诚协议法律强制力的后果之一，就是鼓励当事人在婚前签订一个可以"拴住"对方的忠诚协议，这不仅会加大婚姻成本，而且也会使建立在双方情感和信任基础上的婚姻关系变质。

第三，忠诚协议实质上属于情感、道德范畴，当事人自觉自愿履行当然极好，如违反忠诚协议一方心甘情愿净身出户或赔偿若干金钱，为自己的出轨行为付出经济上的代价。但是如果一方不愿履行，不应强迫其履行忠诚协议。

由此可以看出，法律保护每个人的合法权利，但保证不了每个人的生活幸福。这是因为，现代法律规范是条分缕析日益细化的，而幸福生活是一种整体的状态或者感觉；法律提供的是一种合理的外在框架，而把充分的选择机会留给了每个人。总之，追求幸福生活与美满婚姻，还是要靠每个人自己去选择、去把握，用自己的努力把法律提供的"空格"填好，创造出属于自己的幸福。试图以物质制约一劳永逸地换取生活幸福、婚姻美满，现实中往往是行不通的。

二、家庭暴力

2001年一部热播的电视连续剧《不要和陌生人说话》引起了大家对家庭暴力的关注。在剧中，男主人公安嘉和医生由于心理上的阴影，总是怀疑自己的妻子梅湘南不忠实，并屡次殴打她。梅湘南一开始为了维护婚姻而忍气吞声，最后忍无可忍，终于拿起法律的武器为自己争取到了人身安全的保障和真正的幸福。那么什么是家庭暴力呢？又怎样才能使自己避免受到家庭暴力的侵害呢？

家庭暴力是指家庭成员之间以殴打、捆绑、残害、限制人身自由以及经常性谩骂、恐吓等方式实施的身体、精神等侵害行为。家暴只有零次和无数次，我国《民法典》和《中华人民共和国反家庭暴力法》（以下简称《反家庭暴力法》）均明确了禁止家庭暴力的态度。一旦遭遇家暴，要勇敢拿起法律武器，维护自身合法权益。具体做法是：及时报警并保留报警记录、就医的诊断证明、拍摄身体受伤的照片等作为证据。如不便报警，也可选择及时向身边人或有关部门求助，依法提起离婚诉讼。为得到及时性救济，可依据《反家庭暴力法》相关规定，向其居住地、家庭暴力发生地的基层人民法院申请签发人身安全保护令，请求法院裁定禁止其丈夫实施家庭暴力，责令其迁出住所等。

依据我国《民法典》规定，因家庭暴力导致离婚的，施暴方应该少分夫妻共同财产，无过错方有权请求损害赔偿。该赔偿既包括物质损害赔偿，也包含精神损害赔偿，具体赔偿额度法院将视具体情况酌情确定。需要注意的是，提起损害赔偿必须在提起离婚诉讼的同时提出，不起诉离婚而单独依据该条规定提起损害赔偿请求的，人民法院将不予受理。婚姻家庭咨询师还要特别注意提醒家庭暴力的受害者，家庭暴力伤害导致的伤痕等如果当时没有留下有效的证据材料，到日后离婚时要求赔偿，或是要求公安机关、法院等给予施暴人以制裁时，往往会遇到证据不足的困难。为了避免此种情况发生，有效地维护受害人的合法权益，有两点建议：①家庭暴力受害人在受伤后应尽快到医院进行必要的治疗，并要求医生将损伤的部位、大小及性质记录在病历上。保存好病历，病历是一种证据材料。②可以去做家庭暴力伤害鉴定。目前，不少地方的法医学鉴定机构成立专门的家庭暴力受害人法医鉴定中心。建立较早的有北京市法庭科学技术鉴定研究所家庭暴力受害人损伤鉴定门诊、青岛市中级人民法院设立的家庭暴力伤害鉴定中心。这种鉴定可以避免因为普通病历记载不全从而导致证据是否有效的问题。

三、婚内财产问题

在婚姻家庭类纠纷中，财产问题往往是一大焦点。通常情况下，夫妻共同财产包括夫妻在婚姻关系存续期间获得的工资、奖金、劳务报酬，生产、经营、投资的收益，知识产权的收益等；夫妻一方个人财产包括一方的婚前财产、一方因受到人身损害获得的赔偿或者补偿、遗嘱或者赠与合同中确定只归一方的财产等。但是，根据《民法典》第1065条第1款规定，男女双方可以约定婚姻关系存续期间所得的财产以及婚前财产归各自所有、共同所有或者部分各自所有、部分共同所有。约定应当采用书面形式，没有约定或者约定不明确的，按照前述关于什么财产是夫妻共同财产、什么财产是夫妻一方个人财产来具体进行判断。

1. 婚姻财产协议

随着离婚时财产分割的纠纷增多，采用约定财产制的人数有所增加。特别是年轻人，为了保持生活的独立性或出于其他原因，开始尝试婚前协议、AA制的生活方式，而从事企业经营或其他高收入职业的人群，为了保护个人财产权利，避免因配偶的债务殃及自己的财产，或者为了减少夫妻财产因个人债务而承担的风险，或者为了防止对方借婚姻谋取财产，对夫妻约定财产制的需求更为强烈。许多夫妻在结婚的同时就会请律师起草一份婚姻财产协议。根据我国法律的规定，婚内财产协议必须符合以下条件才能具备法律效力：协议双方必须具有完全民事行为能力；意思表示必须真实，也就是双方是在完全自愿的情况下签署的，而不能是在一方被欺诈、被胁迫的情况下签署；不得违反法律和"公序良俗"；必须采用书面形式，公证本协议不是必然程序，但是公证后的协议法律效力更强。通常我们建议当事人在签订该协议时做好公证，这样协议内容及当事人意思表示的真实性将不会产生新的争议而导致该协议无效。

在满足上述条件的情况下，婚内财产协议还需要注意约定内容的效力问题，如以下三种约定可能被认定无效：①约定财产归子女所有。很多夫妻在签订协议时会约定某一部分财产归子女所有，但这些财产仍然是由父母掌管。从法律上来看，属于赠与没有履行，没有完成的赠与便不生效。实践中，此类约定争议较多，当然均以无效认定而告终。②不动产归双方共有但未做产权变更。将一方名下的婚前房产等不动产约定为婚后共有，但实际又未办理产权更名手续，是一种赠与未完成的行为。在最终发生争议时，同样无法得到确认。③谁提离婚谁无财产。此类约定往往会认为限制离婚自由权，而被认定为无效。

2. 夫妻共同债务

《民法典》第1064条规定："夫妻双方共同签名或者夫妻一方事后追认等共同意思表示所负的债务，以及夫妻一方在婚姻关系存续期间以个人名义为家庭日常生活需要所负的债务，属于夫妻共同债务。夫妻一方在婚姻关系存续期间以个人名义超出家庭日常生活需要所负的债务，不属于夫妻共同债务；但是，债权人能够证明该债务用于夫妻共同生活、共同生产经营或者基于夫妻双方共同意思表示的除外。"本条关于夫妻共同债务的规定，明确了"共债共签"的基本原则，同时，对应《民法典》第1060条"日常家事代理权"之规定："夫妻一方因家庭日常生活需要而实施的民事法律行为，对夫妻双方发生效力，但是夫妻一方与相对人另有约定的除外。夫妻之间对一方可以实施的民事法律行为范围的限制，不得对抗善意相对人。"明确了为家庭日常生活需要所负债务为夫妻共同债务。此外，对于婚姻关系存续期间夫妻一方以个人名义所负其他债务，除非债权人能够证明已经用于夫妻共同生活、共同生产经营或者基于双方共同的意思表示，否则不属于夫妻共同债务。

3. 婚姻关系存续期间夫妻共同财产的分割

夫妻婚姻关系存续期间，双方的共同财产在法律上系共有关系，一般不解除婚姻关系，无法起诉分割夫妻共同财产。但实践中确实存在诸如一方隐藏、挥霍、变卖等侵害夫妻共同财产的行为，此时为了尽可能减少财产损失，有必要在婚内分割夫妻共同财产。"婚姻关系存续期间，有下列情形之一的，夫妻一方可以向人民法院请求分割共同财产：一方有隐藏、转移、变卖、毁损、挥霍夫妻共同财产或者伪造夫妻共同债务等严重损害夫妻共同财产利益的行为；一方负有法定扶养义务的人患重大疾病需要医治，另一方不同意支付相关医疗费用。"《民法典》增设婚内财产分割相关条款，赋予配偶在极端情况下的婚内分割夫妻共同财产请求权,这意味着,婚内财产可分割,不离婚也能分财产,将有效维护婚姻中弱势方的权益。

第四节　婚姻关系的终结

在离婚类婚姻家庭咨询中,不只是处理法律、财产纠纷,还有情感的纠纷,婚姻家庭咨询师必须融入心理学智慧,帮助当事人真正地跳出问题去解决问题。只有当事人脱离情绪化的干扰,对自己能否承受离婚所产生的代价进行冷静、理智的思考,充分考虑好如何处理自己与其他家庭成员的关系尤其是未成年子女的抚养、教育和成长等,才能更好地坦然面对未来的生活。在离婚过程中,一般要解决的有三类法律问题:婚姻关系的解除;子女抚养权的归属;共同财产的分割及债务的承担。而夫妻感情确已破裂,是法院判决离婚的标准。

一、解除婚姻关系

我国的离婚制度分为协议离婚和诉讼离婚两种。

1.协议离婚

协议离婚也叫"双方自愿离婚",是指婚姻关系当事人双方一致同意解除婚姻关系并通过婚姻登记程序解除婚姻关系的法律制度。其主要特征,一是当事人双方在离婚以及子女和财产问题上意愿一致,达成协议;二是按照婚姻登记程序办理离婚登记,取得离婚证,即解除婚姻关系。《民法典》婚姻家庭编中增加的"离婚冷静期"内容,主要针对的是协议离婚。内容是说,夫妻双方需要同时向民政局提交离婚登记申请,任何一方都可以在30天内反悔撤回申请。30天后,如果双方还是坚持离婚,双方必须亲自前往民政局申请离婚证。30天之内,没有去婚姻登记机关申请离婚证或者有一方没到现场的,视为撤回离婚申请。也就是说,要想完成整个协议离婚的手续,至少需要30天以上的时间。

2.诉讼离婚

诉讼离婚是婚姻当事人向人民法院提出离婚请求，由人民法院调解或判决而解除其婚姻关系的一项离婚制度。诉讼离婚制度适用于当事人双方对离婚有分歧的情况，包括一方要求离婚而另一方不同意离婚而发生的离婚纠纷；或者双方虽然同意离婚，但在子女和财产问题上不能达成一致意见、做出适当处理的情况。

"人民法院审理离婚案件，应当进行调解"，这表明调解是人民法院审理离婚案件的必经程序。适用调解程序，其目的在于防止当事人草率离婚，以及在双方当事人不能和解时，有助于平和、妥善地处理离婚所涉及的方方面面的问题。经过诉讼中的调解，会出现三种可能：第一种是双方互谅互让，重归于好；第二种是双方达成全面的离婚协议，包括双方同意离婚，妥善安排子女今后的生活、合理分割财产等；第三种是调解无效，包括双方就是否离婚或者子女抚养、财产分割等方面达不成协议，在这种情况下，离婚诉讼程序继续进行。调解不能久调不决，对于调解无效的案件，人民法院应当依法判决，根据当事人的婚姻状况，判决准予离婚或者判决不准离婚。一审判决离婚的，当事人在判决发生法律效力前不得另行结婚。当事人不服一审判决的，有权依法提出上诉。双方当事人在15天的上诉期内均不上诉的，判决书发生法律效力。第二审人民法院审理上诉案件可以进行调解。经调解双方达成协议的，自调解书送达时起原审判决即视为撤销。第二审人民法院做出的判决是终审判决。

二、感情确已破裂的认定

法院判决离婚的标准关键在于"感情确已破裂，调解无效"。判断夫妻感情是否确已破裂是一个很复杂的问题，其认定主要归纳为看婚姻基础、看婚后感情、看离婚原因、看有无和好可能四个方面。

1.看婚姻基础

婚姻基础是指男女双方建立婚姻关系时的感情状况。看婚姻基础就是要调查了解双方结识的方式、结婚的动机、结婚是自主自愿还是被包办强迫、是以爱情为基础还是以贪图金钱和地位为目的等。这些因素对婚后感情都会有直接或间接的影响，对婚姻关系的维持起着重要的作用。一般来说，婚姻基础好婚后感情也较好，一旦发生夫妻纠纷，调解和好的可能性就大。相反，如果婚姻基础较差，婚后又未建立起真正的夫妻感情，调解和好的可能性就小。当然，看婚姻基础只是判断分析夫妻感情的条件之一，并不是绝对的，还要结合其他条件，全面分析判断。

2. 看婚后感情

看婚后感情就是看夫妻共同生活期间感情状况。一是看夫妻双方婚后共同生活的感情状况；二是看夫妻感情的发展变化，是由好变坏，还是由坏变好，或是时好时坏；三是看产生纠纷的具体情况。看婚后感情，要注意看主流、看真相、看本质。

3. 看离婚原因

离婚原因是指引起离婚的最根本的因素，即引起夫妻纠纷的主要矛盾或夫妻双方争执的焦点与核心问题。看离婚原因时，应注意去伪存真，查清引起离婚的真实原因，只有掌握了离婚的真实原因，才能分清是非，正确判断夫妻感情的真实情况，使离婚纠纷得到正确解决。

4. 看有无和好的可能

看有无和好的可能是指把握有无争取夫妻和好的条件，即在上述三看的基础上进一步把握夫妻关系的现状和各种有助于和好的因素，对婚姻的发展前途进行估计和预测。夫妻感情不会是一成不变的，它会受到外力的作用和影响。即使夫妻关系濒于破裂也可以通过各种因素促使其转化，因而要调动一切积极因素做好工作。

以上四个方面相互联系、相互影响。可以从这四个方面全面分析研究，判断夫妻感情是否确已破裂、有无和好的可能。

三、子女抚养权的归属

离婚不仅仅意味着夫妻关系的终结，还意味着子女的原生家庭将会就此拆散。虽然我们不能排除这种可能：趁早解散一个冲突激烈、支离破碎的家庭关系甚至有利于子女的成长，但在大多数情况下，作为婚姻家庭关系的最直接、最重要的利害关系人，未成年子女往往会受到难以愈合的伤害，他们将至少无法得到亲生父母其中一人的直接照料，在经济、性格、心理上经受本不应有的挫折。在处理离婚咨询时，应关注孩子的心理健康，最大限度地考虑降低对孩子的伤害。

法律规定，两周岁以下的子女，一般随母方生活；父母双方对子女随父或随母生活发生争执的，只有孩子的年龄在8周岁以上，法院在审理案件时才"应考虑该子女的意见"。在司法实践中，8周岁以下的孩子判给谁，往往倾向于孩子实际跟谁生活、哪一方照顾得更多。离婚过程中之所以会发生各种抢孩子事件，是因为夫妻双方或某一方试图通过某种手段造成孩子实际跟自己生活时间更长的现象，从而有助于自己争取到孩子的抚养权。

现实中有相当一部分人，只是因为对方要抚养权，所以他/她觉得自己也要争；或者觉得抚养权是一种权利，所以我要争。但很多家长可能忽视了，虽然抚养权这个词的字面上有一个"权"字，但抚养权不仅是权利，也是义务，是一种需要付出很多的义务，他们在争夺抚养权时，并没有考虑争到这个权利后实际要承担的义务。对于如何看待孩子抚养权该归属谁这个问题，我们认为：

第一，要看孩子被照顾的状态，环境的突然改变会不会对孩子的身心健康造成影响。第二，要衡量父母双方的教育水平。这个教育水平不是指父母的学历高低，而是指其愿意为孩子的教育付出多少、承担哪些成本。第三，父母双方的原生家庭是否能为孩子的成长营造出良好的氛围。在温馨、有爱的环境里长大的孩子和在充满仇恨、互相埋怨的环境里长大的孩子，绝对是不同的。因此，经济条件决不是决定性因素，家庭的温暖才是最重要的。这就是为什么有时候孩子的抚养权会判给全职妈妈，由另一方支付抚养费。法官在判决时会进行整体性衡量，一旦涉及"综合""可以""儿童利益最大化"这种原则性的表述，判决结果很大程度上取决于法官个人。

四、离婚财产的分割

在离婚过程中，很多人过于感性，要么对婚姻抱有幻想和希望，要么急于摆脱婚姻束缚，或者置气不肯离非要拖着对方。由于太过情绪化，这些人在离婚时往往不去或者不愿意考虑利益方面的问题。所以婚姻家庭咨询师有必要提醒当事人能更理性、妥善地对待并处理好离婚财产分割这件事。

对于夫妻共同财产的分割主要遵循如下几方面原则：

1.尊重意思自治原则

离婚时夫妻对财产的分割，双方应在协商一致的原则下进行，并非一方即可决定。如果双方经协商能达成一致的，无论是协议离婚还是法院判决离婚都可以按双方协议结果处理分割共同财产。但双方的意愿必须是真实的、合法的，在一方愿意放弃全部或一部分财产权时，只要不危害国家、集体、社会和他人合法权益，一般是合法有效的。如果是通过离婚的手段企图达到转移财产恶意逃避债务的目的，损害了债权人的权益，则存在债权人追责问题。

2.男女平等原则

夫妻对共同财产的分割权利和共同债务的偿还义务是平等的，在离婚时原则上应均等分割夫妻共同财产，没有特别情况，一般应按共同财产价值对半平均分割。

3.照顾子女、女方的原则

在分割夫妻共同财产时应注意对未成年子女和女方给予适当的照顾。在离婚分割夫妻共同财产时，应尊重和保护妇女权利，不能歧视妇女，认为妇女经济收入贡献少应少分的观念是错误的。照顾子女、女方原则通常体现在分割夫妻共同房产时，在子女抚养权归属女方时，同时判决将房产所有权亦归属女方，补偿男方房屋折价款。

4. 照顾无过错方的原则

根据《民法典》第1091条规定，如果是由于一方存在重婚、与他人同居、实施家庭暴力、虐待、遗弃家庭成员等重大过错导致夫妻感情破裂，从而导致离婚的，无过错方有权提出婚姻损害赔偿。

5. 补偿原则

夫妻一方因抚育子女、照料老年人、协助另一方工作等负担较多义务的，离婚时有权向另一方请求补偿，另一方应当给予补偿。曾引发公众广泛热议的"全职太太离婚获5万元家务补偿"一案，是北京市房山区人民法院适用《民法典》审结一起离婚家务补偿案件。法院判决在准予双方离婚的基础上，考虑到女方在照顾孩子、料理家务等方面负担了较多义务，判决男方给女方家务补偿款5万元。

6. 侵害共同财产的惩罚原则

《民法典》第1092条规定，夫妻一方隐藏、转移、变卖、毁损、挥霍夫妻共同财产，或者伪造夫妻共同债务企图侵占另一方财产的，在离婚分割夫妻共同财产时，对该方可以少分或者不分。离婚后，另一方发现有上述行为的，可以向人民法院提起诉讼，请求再次分割夫妻共同财产。

如果婚姻不能走到最后，缘尽人散，婚姻家庭咨询师有责任协助当事人和配偶通过友好协商，处理好共有财产，处理好子女的抚养问题，给自己的婚姻画上一个圆满的句号。但是离婚纠纷包罗万象，什么样的情况都有可能发生，如果离婚涉及的夫妻共同财产标的额巨大（如涉及房产、投资、公司股权），或者证据收集难度指数较大，或者对方存在藏匿或转移财产的可能性，如果当事人想要争取更大的经济利益和争取子女抚养权，婚姻家庭咨询师则可以建议当事人聘请律师，以便做好证据收集和整理以及专业辩护，最大程度地保护当事人的合法权益。

对于家庭中的纷争，婚姻家庭咨询师尤其要谨记"中立"原则，不做评判，其任务是帮助求助者认清自己的处境和面临的选择，而不是去做裁判员。婚姻家庭咨询是综合性、应用性、实践性很强的职业，因此，婚姻家庭咨询师不光要学习法律条文和知识，更要学会多学科融会贯通、灵活运用。

如何正确地处理婚姻家庭问题是每一个人必须面对的课题。然而，这个课题随着我国当代婚姻家庭结构的改变，两性关系、子女教育、家庭伦理都产生多元化变化，家庭婚姻中情感、性、财务和法律等相关问题变得极其复杂。在婚姻家庭咨询过程中，对婚姻家庭结构、两性关系模式、亲子关系、婚姻家庭观念进行真实的体察、认识和剖析，让咨询者看到症结所在，并一步步地恢复婚姻幸福和家庭和睦的功能，支持个体在婚姻关系中成长和改善家庭关系，是婚姻家庭咨询过程中的要点也是难点。作为婚姻家庭咨询师，服务中可建立相关婚姻家庭互助群体，通过婚姻家庭成长课程和分享活动，从更多元的视角审视自身以及在婚姻家庭中的盲区，互相帮助分享经验，实现共同的自我成长，积极改善婚姻家庭关系。

婚姻家庭咨询师在执业过程中对婚姻双方和家庭建设进行健康正向的引导，帮助婚姻家庭中每个人用心经营，形成有爱付出、和谐幸福的婚姻家庭关系。幸福的婚姻家庭环境主要依靠夫妻双方，认识自己、认识婚姻，感受到家庭中的爱和支持，自主自愿承担家庭中的责任，用心经营婚姻家庭的各种关系，活出自我价值和提高幸福生活水平。尽管婚姻家庭建设面临重重困境，但只要不忘初心，本着爱和正确的认知，定会建设好婚姻和家庭，风雨同舟，幸福相随。

第十章
倾听力的心理训练

歌德曾经说:"对别人诉说自己,是一种天性;因此,认真对待别人向你诉说他自己的事,这是一种教养。"说话固然是一门技术活,但倾听更是一门艺术。沟通是双向的,尤其作为一名婚姻家庭咨询师,我们并不是单纯地向别人灌输思想,更应该学会积极倾听。有效倾听是一门可习得的艺术。因为当你用心倾听他人谈话时,倾听的内容不仅包括他(她)所说的话语,也包括整个交流的语境,你与说话者之间会建立一种关系。要想成为一个优秀的倾听者,你需要学习、训练和重复。一旦你行动起来,一个全新的世界将会向你打开。马尔科姆·福布斯说:"谈话的艺术在于倾听。"学会了倾听,你就掌握了交流的艺术[1]。

在这一章里,我们首先将带大家看到裹挟在倾听惯性中的常见误区;接着会带大家熟悉如何在倾听中逐层深入,以及倾听的本质和意义;最后希望大家能够了解作为婚姻家庭咨询师的倾听原则。我们将通过案例进行阐述,案例中A代表男士,C代表女士。

第一节 倾听的惯性

在婚姻中,倾听是维持亲密关系的一个重要法宝。婚姻家庭咨询师首先要了解我们在倾听中有哪些惯性。很多夫妻之间的矛盾和冲突不断,是因为我们带着对伴侣的固有认知,也带着自己固有的情绪,在沟通中常常陷入听而不到、听而

---

[1] 戴尔·卡耐基.卡耐基沟通的艺术与处世智慧[M].第二版.北京:中国华侨出版社,2012:7.

不见中,更谈不上听懂对方。

例如,A和C结婚十二年,育有一子十岁。A婚后从机关辞职经商,公司一度经营得也算不错,但是这两年生意每况愈下,A于是渐渐变得消极,不愿意出门,也不怎么管孩子。C在机关里做中层,对爱人最初的选择就极不支持,但是A执意辞职,C看到丈夫的生意还做得不错,也就不再说什么了。然而,A现在的消极状态,令她很苦恼。一开始怕A想不开,C不断地给他讲道理,激励他,导致A愈发不愿跟C说话,晚上还搬到客房住,有事让儿子传话。C看到自己的"关心"引起了反效果,心里很委屈,每次想找A谈谈,A都用各种理由拒绝。终于在一次交谈未果下,C彻底爆发了:"你怎么还有理了?!当初不让你辞职,是你自己要辞职,现在公司不行,我也没有怨你,你的脾气倒是大起来了,我现在工作这么忙,你在家里也不帮忙做一下家务,孩子也不管,你现在怎么成这样了……"A冷冷地回复道:"我现在就是这样了,你有远见,我是窝囊废,你想怎样都由你吧!"C气得不行:"你能不能站在我的角度考虑一下,你忙公司的时候,我为了照顾家里付出了多少?!我现在不就是希望你能振作起来吗?"A也不耐烦道:"你真的理解过我的心情吗?每天都是这些婆婆经,以后你再说我就不回来了……"

一、听而不到——没有倾听的意愿

没有倾听的意愿,外在常常表现为选择性倾听。选择性倾听是指只倾听符合自己原有价值预设、原有"频道"的声音,不符合的就自动屏蔽,会使人无视与自身想法不一致的信息。例如,疑邻盗斧寓言故事中的丢斧人,他怀疑邻居家的儿子偷了他的斧头,所以,看邻居走路的样子、脸上的表情、说话的态度,越看越像偷斧子的贼。后来他在自己家的谷堆中找到了斧子,等再见到邻居的儿子,又越看越不像小偷了。人们一旦具有这种先入为主的观念,在倾听过程中往往会扭曲说话者的本意,只接收与自己的观点相符的信息。

上述案例中,A和C的对话虽然很短,但是我们不难发现彼此"先入为主"的东西还是挺多的，尤其是C说："当初不让你辞职是你自己要辞职，现在公司不行我也没有怨你……"这一类话语背后的潜台词是："你看我说得很对吧，你现在的一切都不怪我，谁让你当初不听我的"，这种"我是对的，你是错的，该改变的是你"的沟通模式，很容易引起人的习惯性防卫。C就因为A的各种道理并没有安慰到他，而心生厌烦："你能不能站在我的角度考虑一下……"这类话也是很常见的，这类话都属于"我向倾听"。"我向倾听"表达了我只在意对方是否听懂了我的言说和要求，是否符合我的目的和需要，是否顺应我已有的视角、眼光及某种结论性的观点。在此案例中，A和C其实都属于倾听误区中的选择性倾听。

选择性倾听是一种排他性倾听，倾听者沉溺于自身习惯的声音中不能自拔，表面在倾听，实际上倾听的意愿并没有"到场"。陷于此种倾听方式和倾听习惯的人，会在悄然间逐步走向自我固化、自我板结，会越来越流于偏狭或狭隘。莎士比亚在《特洛埃围城记》中写道："我们眼里的错误引导着我们的心灵，错误导致的也必定是谬论。"所以，这时候说出的话很难让伴侣愿意听。

倾听的基本条件是听完之后再下判断，这也是打破先入为主障碍的关键。尤其是多年的夫妻，很多先入为主的信息已经阻挡了获得事件充分信息的可能，我们的"以为"，都只是"我以为"，而非事实。依据选择性倾听做出的回应，只考虑了倾听者自己的想法，对话的两个人犹如在不同的空间说着自己想肆意表达的内容，彼此之间失去了基本的连接。

二、听而不见——愿意倾听但缺乏边界感

生活中很多人会以自己的标准衡量别人，殊不知甲之蜜糖，乙之砒霜，这种个人标准久了就会成为认知偏见。诺贝尔奖获得者卡尼曼认为，认知偏见会影响到每个人生活的方方面面，比如处理信息、形成观点、行为决策等。这就体现在每个人或多或少都会存在以貌取人、地域歧视等认知偏见，甚至对自己也心存偏见。而不同的认知水平和结构也决定了我们情绪产生的强度、频率以及处理情绪的能力。

上述例子中，起初C看到A日渐消极，怕A想不开，于是通过讲道理去开解他、激励他，反而让A更不愿意跟C说话。《高品质沟通》一书中有这样一句话："沟通没有对与错，只有立场不同而已。"无论是生活还是工作，我们有多少次是站在不同的立场去考虑事件和问题的呢？很多人都习惯于站在自己的立场思考，而对别人的意见充耳不闻，只能听见对方表面表达的意思，却无法听见显而易见的情绪状态后面的需求究竟是什么。二人彼此的信息传递通不通畅，关键取决于在看清事实的真相之前，是否会用自己的认知和经历去评判或指导对方。此案例中C对A的状态很担心，所以急于想把A从他的消极状态中"解救"出来，C的担心让她模糊了与伴侣的界限。A沉浸在自己的情绪里不能自拔，无法"看见"情绪的边界，这种担心是自己的还是C的？这样的情绪究竟在告诉自己什么？当我们这样问自己的时候，也就是在清晰自己情绪背后的认知模式，进而也就可以调整自己的行为边界。如果担心是自己的，那我们需要自己先把担心的情绪处理好，再去和对方沟通；如果担心是对方的，我们也可以很中正平和地询问对方的想法，而不是一上来就给建议、讲道理。

三、听而不懂——有边界感但无流动感的倾听

在关系中重要的不是你想什么，而是你怎么想；不是你说什么，而是你说话的方式。很多时候两个人无法听懂对方的原因是对方说话的方式已经阻止倾听时"听"和"应"的流动，虽然我在听你说，我知道自己在情绪里，也听到了你情绪的反应，但我在用自己的方式回应你：我不和你争辩，不发生争吵，内心却充满了抗拒和各种"内心戏"，而这样的"内心戏"又会从生活的各种状态无形地向对方透露着我的不屑、不认可和冷漠。

上述例子A因为自己的生意失败很懊丧，沉浸在自己的状态里，所以无法听到C对他还有关心的一面，直接用冷漠对C进行了回应，甚至还睡到客房。C也完全掉进自己情绪里，感觉所做的一切被忽视，因而内心无限抓狂，想用更猛烈的方

式让对方听到自己的心声，同时也用"我是为你好"想唤醒A，也忽略了真正去听懂A内心的真实感受。

虽然我们用各种状态想提醒对方"我需要关注""我需要被重视""我需要被认可"……但是没有流动感的状态让家庭氛围犹如死水一潭，双方固有的姿态令彼此身心俱疲。

生活中不管面对什么样的人，如果想要达到沟通的目的，想要提高沟通的效率，实现真正意义上的沟通，我们至少得先看到自己选择性倾听的局限，愿意打开心扉去听到对方的全部，这时候才有可能和对方感同身受，并逐渐在其中对自己进行梳理，看到自己的认知偏见，从而明晰与沟通对象的界限，并在其中能顺畅、灵动地获得情感的流动。

第二节　倾听的深入

苏格拉底曾言："上天赋予我们一个舌头，却赐给我们两只耳朵，所以我们从别人那儿听到的话，可能比我们说的话多两倍。"有个人慕名而来，向苏格拉底求教演讲的技巧。为了表现自己有这方面的天赋，他滔滔不绝地讲述了很久。苏格拉底听后，对这个人说："你必须缴纳双倍的学费，不然无法学成。"那个人大惑不解，苏格拉底道："我除了要教你演讲术之外，还要给你开一门倾听课，教你如何保持沉默，先学会当听众。"

婚姻家庭咨询师首先要做一名好的听众，让倾诉者放松、开放，帮助有冲突、互不理解的伴侣学会走出倾听惯性，开启新的倾听方式，重新建立沟通。

一、听且到（和倾诉者建立心的连接）

美国著名人类学家霍尔曾指出人际交往中的常见现象："一个人倾听别人说话时，总会望着对方的脸，尤其是眼睛。为了表示注意，倾听者会轻轻地点头，或者说：'嗯''是的'；如果那句话他深表赞同，点头就会点得更深；如果表示怀疑，他就会扬起头、皱起眉毛或嘴角下拉；如果不想再听下去，就会将身子挪一挪，腿伸一伸，或者移开视线，不再注意说话人等。"

所谓关系之道，无非是倾听之道。大道运行，并不总是通畅自如，种种艰涩、迟滞和堵塞遍布四方，所以高效的倾听者不仅会用耳朵进行倾听，还会利用眼睛、触觉和心进行倾听，观察语境和对方的所有。这样才能让来访者建立"我愿意倾诉"的放松状态。

"我愿意听你说"代表接纳，接纳对方想要传递给我们的信息、观点和情绪。不评判、不打断、不揣测，耐心倾听的姿态就是一个很好的共情倾听的态度。当对方感觉自己被在乎、被理解，才能使彼此的关系处于和谐愉快的氛围中。

上述例子中，婚姻家庭咨询师首先需要看到和听到的是两个人不同的局限，虽然二者的关系已经"两耳成茧"，咨询师也可以巧妙地化茧成蝶。我们要知道，没有听到的才是风景，两个人背后还有着很多彼此听不到的渴望和关注。在婚姻家庭咨询师接纳、中正的环境中，来访者有倾诉的意愿，两个人无所顾忌地表达后，反而渐趋平静，从"我向倾听"中跳出来，重新打开心扉去倾听对方。从"选择性倾听"到全方位倾听，从固执己见到不评判、不打断，耐心倾听对方所要表达的真实需求，从而从各自状态中跳出来，A从自己逃避和抗拒的状态中跳出来听到了C的包容和关心，C从自我的优越感状态跳出来听到了A的不易和惶恐，两个人在共情式倾听中不断打破"先入为主"的刻板印象，学会站在对方的立场去听到彼此的心声。

在"我愿意听你说"中，婚姻家庭咨询师也听到了不同理念、兴趣、价值的人如何为了这个家，用各自的方式努力着。法国作家马克·李维说："你不能随意评价别人的生活，即使是最亲近的人。"你永远不知道别人深夜痛哭的真正原因，更无法真正理解每个若无其事的笑脸背后藏着多少苦痛……这个世界也许不缺乏探寻真相的人，但缺的是不随意评价他人的善良。不随随便便评价别人（包括亲密关系）是我们做人的基本素养，也是共情倾听力的一种境界。

二、听且见（听见背后的情绪和认知）

纪伯伦说："如果你想了解一个人，不是去听他说出的话，而要去听他没有说出的话。"当人们羞于将自己的真实想法和意图表露出来时，他们的感情和认知会融进他们的语言中。想要真正地了解对方，可以从"潜台词"中了解他（她）的想法，不需要刨根问底，只要做一个智慧的听众就可以了。

大多数倾诉者往往不是在倾诉需求，而是在倾诉情绪。情绪是表达感受的通道，每一种情绪背后都有一种情感需求，悲伤的情绪背后或许是希望得到关注和安抚；愤怒的情绪背后或许是无法接受利益的损失和渴望得到理解；怨恨的情绪背后或许是希望对方给予情感支持，而并非建议或者解释。每个人都希望倾听者能够体会他们的情绪，而不是给出对这件事情的看法。

婚姻家庭咨询师作为一名倾听者，不仅要营造"我愿意听你说"的良好氛围，还需要有能力听出倾诉者情绪后面的各种情感需求，以及情感需求后面的认知结构。

例如，在上述例子中，作为婚姻家庭咨询师听到A逃避和抗拒，C的抱怨和抓狂时，首先做的是无条件接纳和同理，让双方都感觉自己是"对的"，进而愿意吐露自己的真实想法，能够充分释放。有机会听到自己真实的状态——说话的语气、节奏，附带的情绪、认知，也才开始有了自省的空间，开始重新审视自己。婚姻家庭咨询师此时可以建议来访者在再次表达时，首先带着觉察去听到自己的话，有了对自己的觉知，随着关系的进展，才会顺势进入共同探索彼此情绪背后真实需求、潜在动机以及固有认知的状态。

而对于A和C来说在被足够接纳后，开始理解如何接纳对方。当对方有情绪时，不要和有情绪的人讲道理，首先要做的是接纳对方当下的情绪和状态。如果C能听见A的心声并接纳道："我知道生意越来越不好你心里难受，这段时间你先好好休息下，有什么需要跟我说……"A就能够产生被理解的感觉。

三、听而懂（共情且流动）

戴尔·卡耐基曾说："倾听不仅仅是听，更强调听完之后的回应。"有效倾听和无效倾听的差别在于被倾听者是否能够得到回应。一个共情的人在倾听的同时，会做出适当的回应，让被倾听者感到自己被懂得、尊重或重视，从而拉近彼此的心理距离。

当对方完整地描述一件事情或观点时，我们要认真接受对方发出的信息，并选择合适的机会提出自己的问题，目的是收集更多的事实，帮助自己建立更客观的认知。在提问过程中，一直是以倾听者的身份，只能站在对方观点上询问支持性的问题，而不可随意发表自己对整件事情的观点。在交谈中，全程以开放的心态接纳对方，不带任何主观判断去倾听，可以有效克服倾听者先入为主的惯性。听懂对方的话语，听懂其真实的想法，才可能提出合理的追问，实现让对方进行反思、自我调整和改变的目的。

婚姻家庭咨询师要做一个好的倾听者，首先要做到的是确认。因为倾诉人首先想知道的就是自己说的话有没有被听见和听懂，在倾听的过程中适时地予以回应，比如说"我知道了""我了解了""我明白你的意思了""真的是这样吗"，用这样的回应可以提高对方讲话的兴趣。然后，倾诉人进一步想知道你是否同意自己的话，或者至少能够表示同情，你也可以通过点头表示你的肯定，或是说"真是的""的确如此"这样的一些词句，尽量地让倾诉人知道，你在听他（她）讲话，而且跟随对方的节奏和情绪，在接纳和同理的同时，你听懂他（她）了。

当你明确感受到对方的情绪时，比如倾诉者感觉无比愤怒，如果回应"你很激动呀"，就是对情绪的判断而不是接纳。此时，需要告诉对方："我了解，这件事对你很重要，也能理解你为什么这么生气"。这样才能让对方感受到你理解他（她）的情绪。当对方隐藏情绪时，我们可以通过对细节的观察对他（她）做出提示，比如："你口中说没事，但眉头却皱的很深。如果你想说，我随时都愿意听"。而在表达认同方面，口头语言、肢体语言、眼神等都可以，这样也是对倾诉者恰当的回应。每一次恰当的回应都会令倾诉者进一步敞开心扉，在倾诉——倾听——回应——感悟（包括倾听者和倾诉者）——再倾诉——倾听——回应——感悟的循环中，去诠释"倾听是最好的沟通"的倾听之道。

在这些回应和听懂的过程中，咨询师会越来越发现每个人都有自己的故事，每个人都有自己独特的生活习惯，这些习惯的背后隐藏着各自的信仰和生活背景，也各有存于世间的价值和意义，给他们多些理解和关注，是咨询师对这个世界最好的善意。一切因为被懂得而化解为温暖和爱。

第三节　倾听的本质

倾听的器官不局限于耳朵，失聪的人也有倾听的权利和能力，只不过，他们用眼睛替代了耳朵，甚至可以用心灵主宰所有的感官。用心灵，甚至是全部身心，而不是某一外在的专用感官去倾听世界，这样的感知反而可能更加敏感、细腻。人类的独特优势，不是倾听自然或者倾听他者，而是倾听自我，这是通向更广阔世界的一条路径[①]。

倾听自我，标志着一个人的自我意识和生命自觉进入了一个更高的层次。习惯反观自身，倾听自我生命中最真实、最细微的脉动，这样的"三省吾身"，绝非部分人的专利，任何对自我生命有觉知、觉悟的人，都站在了人性的高端。

一、倾听自己的需求

一位心理学家说："你喜欢的人身上有你的光，你讨厌的人身上有你的影子。"意思是你喜欢的人身上有你羡慕却没有的东西；而对于讨厌的人，事实上是我们把自己所不能接受的性格、意念、欲望等转移到了对方身上，并加以批评和指责。

---

① 张晓恒.共情力［M］.天津：天津人民出版社，2021：12.

故而通过我们自身的"回音板",放大的是自己的情绪反应,而我们回应来访者的时候,也表达了我们对事物的认知,回应的声音已然是我们内在空间的回响。所以要想真的能够听到、听见、听懂来访者,婚姻家庭咨询师需要在自身上下功夫,不仅是从来访者那里"回音"到自己的状况,更重要的是在生活中通过各种沟通练习倾听,并在倾听中练习觉察。反之,觉察的稳定度和敏感度越高,我们的倾听也会更高效。

1. 亲人之间的倾听

你的伴侣是怎么跟你说话的,你是如何回应的?你们的倾听惯性有哪些?通常你们是在什么状态下沟通?你能听懂伴侣内心的声音和需求吗?你能通过回应引导伴侣听懂你的心声吗?你和孩子、父母之间分别有着怎样的倾听惯性?在这些惯性中你能听到自己的需求和渴望吗?又是如何表达的呢?

2. 朋友之间的倾听

朋友也有远近,在不同距离间倾听自己内在的需求。你跟最好的朋友间和一般的朋友之间对话区别在哪里?你能倾听的层次有多深?最好的朋友满足了你哪方面的心理需求,你满足了对方怎样的心理需求?

3. 同事之间的倾听

在彼此的工作状态中,你能倾听到同事的内心吗?有没有试图去倾听到对方被隔离的那颗心?

4. 情绪中的倾听

在任何时候有了情绪,倾听自己情绪后面的需求,这些需求后面是什么固有认知支撑的?别人的哪些行为或者情绪容易波及自己?

5. 自然中的倾听

一草一木,一春一秋皆有自己独有的声音和姿态,庄子曰:"天地有大美而不言,四时有明法而不议,万物有成理而不说。"就是让我们更多地去听到、看到自然界中这些被我们忽略的规律,才能让我们自己的生命散发出更加丰盈的姿态。

卡耐基说："你能够给予他人最好的礼物，就是让自己变得更加优秀。要做到这一点，首先，你需要成为一个更优秀的倾听者。好的倾听者需要有意识地倾听、了解自己，这样才能更有效地倾听他人。"

二、在倾听中遇见真实的自己

有这样一个故事：一位武士，能征善战，屡立战功，国王赏赐了他一副金子打造的盔甲，武士常常穿着这副金灿灿的盔甲四处炫耀。几年后，盔甲卸不下来了，为了让儿子看到自己的真面容，武士找到一位智者，智者指引他去打开三座城堡：沉默之堡、知识之堡和勇气之堡。后来武士发现，卸下盔甲的钥匙就是倾听。

在沉默之堡中：倾听自我最真实的声音。人生都有经历孤独的时刻，不管是婚变还是孩子的离开，这时候能够去品尝孤独这杯酒，面对这种不熟悉，同时在这种不熟悉中去倾听自己内在的恐惧和痛苦，倾听自己的阴暗面，接纳自己的"坏""无用"，反而会节省很多内耗的能量。放弃一切抵抗的时候，真的样子才能浮现眼前，才能让自己卸下盔甲，找到一方自由空间。

在知识之堡中：倾听他者的声音。庄子说："已而为知者，殆而已矣"，就是说拿着学了的一点知识，自以为了不起，觉得自己有文化和智慧，是非常危险的一件事。面对不同的人，我们要学会倾听他人之长，学会理解、包容他人的不同，即使是非议、质疑，甚至斥责的声音，也能静下心来倾听，站在他人立场把听来的点状、碎片化的信息织成一张结构之网，让他者的声音丰富、充实自己的声音。

在勇气之堡中：倾听问题的声音。罗曼·罗兰说："世界上只有一种真正的英雄主义，那就是在认识生活的真相后，依然热爱生活。"不管生活遇到任何问题和困扰，倾听它们，面对它们，才能发现是什么导航了我们的人生，进而卸下重重盔甲，拥抱生活的真相。

每个人经历不同、性格不同、价值观不同，都有着自己不同的盔甲，倾听他人容易，倾听自己不易。以倾听为根基，不断发现三座城堡，直面它们，化解它们，也是不断除却盔甲的过程。这样的生命是在自我成长中持续蜕变和发展的生命。归根结底，终身成长就是终生倾听自己的过程，在倾听中遇见真实的自己。

三、一个生命倾听另一个生命

阿德勒曾说："对别人不感兴趣的人，他一生中遇到的困难最多。"因为他将全部精力放在了如何表现自己上，总想着说些什么、做些什么，才能让对方认为自己足够聪明、幽默。

倾听的任务是两个人的流动。通过倾听，倾听者不仅仅是旁观者，而且是参与者、创造者。有倾听力的人，往往都有爱的本能，故而有倾听的本能。他（她）的爱通过时刻把心朝向倾诉者的倾听来表达。在这种包含了爱的倾听里，不仅容纳了丝丝缕缕的关注、同情、悲悯，还容纳了深深的谦逊与宽容，无条件接纳来自倾诉者的烦躁与担心、焦虑与不安，这是真正的对倾诉者之爱。

实相心理学中强调正三角和倒三角相互流转的关系。（见图1）正三角是不断扎实自己各方面知见、能力，让我们的整体状况更稳固的过程。而倒三角的玄妙之处，是和正三角的积累形成了一阴一阳的太极图，把过往的积累用起来，输出去。当你让别人进步的时候，反而自己更容易进步，让他人成长的时候，反而自己更容易成长。这一阴一阳的六芒星图中：正三角是在摄入中不断完善自己，而倒三角是在输出、给予他人中达到"自觉觉他、自利利他"的流转，并在流转中找到生命螺旋式的平衡，让我们进入更高级的生命形态。

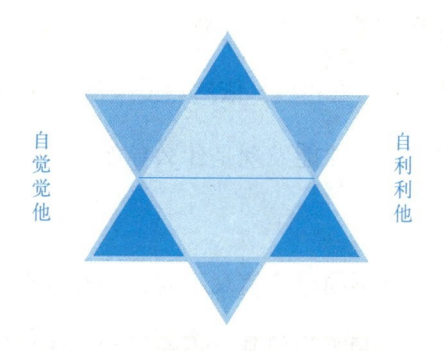

图1 正三角和倒三角相互流转关系

作为婚姻家庭咨询师，倾听过程也是练习倒三角输出的心理训练。在倾听过程中，作为行动者、参与者、创造者，我们需要将爱的能力用"谦、诚、恭、敬"的状态铺展出去，让一个生命听懂另一个生命，让一个生命影响另一个生命，让生命在流转中创造出不同的轨迹和意义。

谦，房玄龄曾言："谦虚温谨，不以才地矜物"，意思是谦虚、温和、谨慎，不因为自己的才能和门第高而骄傲轻视别人。不仅中国人如此重视"谦"，有多种数据显示，其他国家也很重视"谦"。米开朗琪罗对年长他23岁的达·芬奇总是抱着一种轻蔑和不屑的态度，他嘲讽达·芬奇的衣着、绅士风度和尚未完成的作品。而达·芬奇面对嘲讽并没有生气，仍然向年轻的米开朗基罗致敬，对他表示认可。达·芬奇的这种谦虚令无数人尊敬。"以己度人，所见不过井中一隅，以人度己，所览却有万里长空"，"谦"总能让我们站在更高的角度看到更广阔的世界。

诚，《道德经》中"诚全而归之"，意思是走向大道的条件就是"诚"。诚是一种真心、诚恳、坦诚，作为婚姻家庭咨询师最大的诚，就是用自己真实的状态去敞开耳朵，以诚恳之心接纳从不同人那里传来的声音，学会接受不同，理解差异，尊重对方的喜好和个人习惯，从而让倾诉者坦诚面对、听到自己当下真实的声音，婚姻家庭咨询师和来访者以真实起步，踏实稳定地向前探索生命更大的可能。

恭，所谓洗耳恭听，"恭"是一种态度。具体来讲，要想做到"恭"，在对待他人时，就要有基本的尊重。不管对方的地位高低、能力强弱、富裕贫穷，都要平等对待。不能因为别人在某方面不如自己，就轻视别人，或者出言贬低别人。孔子主张对人要端庄诚恳，表里一致，反对巧言令色，正所谓"在貌为恭，在心为敬"。"恭"是表象，"敬"是本质。

敬，孟子曰："敬人者人恒敬之，爱人者人恒爱之"。对每个不同的生命经历的每一份不同的悲欢离合、心理困扰和问题，都保持一份敬畏心，是一名咨询师的基本素养。带着对生命的恭而敬，不会自满，每次倾听都是全新的开始，不为经验所累，不会轻举妄动，才会小心谨慎带领来访者探寻生命之旅，为我们自己和他人探寻到一双新的眼睛去看生活，也能重新打开心的力量穿越生活曾经的创伤和不易，看到不变的生活中不一样的风景。

婚姻家庭咨询师逐渐把"谦、诚、恭、敬"运用在倾听中，通过觉察让这些概念慢慢从一言一行中融入内心，从内心"长"出来的东西才属于自己生命的一部分。在倾听他人与倾听自我之间，"谦"可以把他人视为自身的镜子，照出自我生命的局限与软弱；"诚"能够推己及人，感受他人生命的苦痛与自我生命的苦痛之间的共振回响；在"恭"与"敬"中能不断发展和开拓自己，越来越清楚自己的局限和不能达到的地方。在倾听与回应的过程中，在每一位来访者被塑造的同时，婚姻家庭咨询师也在重新塑造自己，在某种意义上，来访者协助咨询师逐渐确定了工作的风格和边界。"谦、诚、恭、敬"让咨询师在每一段倾听中历练和受益，不断获得自我成长的能力，以及在自我成长与他人成长之间融通转化的能力，也在倾听与回应中共同创造着属于自己的人生意义。

第四节　婚姻家庭咨询师的倾听原则

一、做一位忠实的听众

第一，在倾听中全神贯注（包括眼神交流），营造一种支持性的沟通氛围并做出适当回应。尊重原始信息，此过程不要脑补或增添自己的内心戏，有疑问的地方可能是自己或者来访者的障碍。

第二，守住内心的中正。不被来访者的情绪和固化的认知裹挟，甚至带偏。

第三，不生搬硬套地同理对方。尊重来访者当下的状态，在看见、理解对方的同时，给予陪伴和接纳。

二、在实践中进阶倾听能力

第一，全域客观地看待自己和来访者。倾听不仅仅是听表达的内容，也要综合言语和非言语，以及言外之意。来访者所表达的语言往往带有主观性和目的性，可能存在一定程度的记忆偏差，故所陈述的内容不一定客观、全面。所以要更全面地探寻来访者的行为、后面的情绪以及认知模式。

第二，与当下能力匹配。在倾听中逐渐清晰自己的优势和弱项，做自己能够做的事情。

第三，主动去匹配、优化当下具有的能力。主动倾听他人，同时倾听自己内心的声音，拓展自己托底的能力。不放过每一个倾听的机会，凡是有人说话的场合，都可以进行倾听训练。

三、倾听中的互动原则

第一，不随意插话打断对方。倾听是沟通的桥梁，在倾听别人说话时，不要随意打断对方的话，保持耐心，认真将对方的话听完。

第二，不要害怕陷入沉默。沉默有时是在给彼此留下思考的时间。对于婚姻家庭咨询师而言，为了更好地感受对方的情绪，往往会选择不停地向对方做出反馈，惧怕因自身的沉默使对方产生没有受到足够尊重的感觉。事实上，在倾听过程中，适当地保持沉默也是一种共情倾听力的体现。也许对方并不需要你此时做出安慰、指点等，他（她）所需要的只是一个友善的、具有同情心的听众，以便让烦恼和焦虑找到一条出路。

第三，倾听问题背后的资源。任何事物都有两面，痛苦背后必有价值，问题背后必有回应。通过倾听力的训练，婚姻家庭咨询师可以通过表面的语言进入"心"的觉察，通过倾听的逐层深入，到自我内心的反观，打开心理训练的大门。在生活中成为一个懂自己、懂他人的人。